AF501848

Vue de l'Hermitage.

LETTRES
A JENNIE,
SUR MONTMORENCY,
L'HERMITAGE, ANDILLY, SAINT-LEU,
CHANTILLY, ERMENONVILLE,
ET LES ENVIRONS,

Avec des détails inédits ou puisés aux meilleures sources, concernant J.-J. ROUSSEAU, mesdames d'EPINAY et d'HOUDETOT, SAINT-LAMBERT, GRETRY, le Maréchal et Madame la Maréchale de LUXEMBOURG, le Prince de CONDÉ, et autres personnages qui ont habité ces divers lieux.

PAR M. F. L***, enormand, avocat.

Membre de plusieurs Sociétés Littéraires et savantes.

A PARIS,

CHEZ NICOLLE, libraire, rue de Seine, à la Librairie Stéréotype ;
BECHET, libraire, quai des Augustins, nº 3 ;
Et LADVOCAT, libraire, galerie au Palais-Royal.

Juillet, 1818.

FAUT-IL UNE PRÉFACE?

FAITES une préface, me disait la personne pour qui ces lettres ont été écrites. — Eh! mademoiselle, que dirais-je à mes lecteurs? Commencerais-je par leur annoncer que vous êtes charmante? Cela est en effet un moyen de les intéresser en votre faveur, mais non à mon égard; on sera même peut-être plus exigeant, en considérant celle qui était l'objet de cet hommage littéraire. Supplierais-je de lire cet écrit avec indulgence, parce que je l'ai composé rapidement, et dans l'espoir de vous plaire? Mais ces petites considérations ne touchent point le public, qui veut qu'un auteur l'amuse ou l'instruise; et un journaliste impitoyable n'en passera pas moins à un examen rigoureux et ma prose et mes vers. Expliquerais-je pourquoi j'ai gardé l'anonyme? dirais-je que dans un temps où l'on ne s'occupe guère que de politique, les madrigaux faits pour le beau sexe ne sont plus, comme autrefois, un moyen de recommandation dans le monde, et que les dames sont devenues tellement raisonneuses sur les matières politiques et sur la liberté de la presse, qu'elles sont indifférentes sur les ouvrages qui expriment le sentiment? Ajouterais-je que je pourrais rencontrer certains hommes graves et sévères, dont je respecte d'ailleurs le mérite, qui s'aviseraient de trouver mauvais que quelqu'un d'une profession telle que la mienne, se livrât au doux amusement de la poésie et de la littérature légère? Ferais-je enfin connaître d'autres raisons qui me mettent dans le cas de garder l'incognito en publiant cet opuscule? mais tout cela est assez inutile pour mes lecteurs. Non, mademoiselle, je ne ferai point de préface.

LETTRES A JENNIE.

LETTRE PREMIÈRE.

Montmorency, le etc.

O vous ! trop aimable Jennie,
Vous, qui réunissez l'esprit et la beauté,
Des grâces sans coquetterie,
Et des talents sans vanité,
De cet écrit je vous offre l'hommage :
Daignez donc accueillir et l'auteur et l'ouvrage.
Mais des sœurs de Phébus les tendres nourrissons
Sollicitent toujours le prix de leurs chansons :
Demanderai-je aussi quel sera mon salaire ?
Heureux en vous chantant si l'on pouvait vous plaire !

Après une assez longue absence, je reviens à Montmorency, séjour charmant où les yeux sont enchantés par les sites pittoresques que présente la nature, où le cœur goûte au milieu des bois une douce rêverie, et où l'esprit se rappèle les personnages célèbres qui ont habité ce pays et les environs.

Je vais donc réunir dans cette correspondance les observations et les notes historiques que j'ai faites depuis plusieurs années sur les lieux et les personnes dont j'ai à vous entretenir. En me livrant à cette agréable occupation, il me semblera que nous les visitons ensemble : c'est ainsi qu'en me croyant quelquefois près de vous, l'illusion me dédommagera de la réalité.

Je ne vous arrêterai pas à un petit village nommé Labarre, qui est sur la route en venant de Paris ici; il n'a rien de remarquable qu'un assez beau château ayant appartenu à un ministre d'état, intendant de la liste civile; le parc est fort bien distribué, et traversé par des eaux qui ajoutent à l'agrément de cette habitation.

Bientôt on aperçoit Montmorency, qui est sur un lieu très-élevé; au bas est une riche vallée, offrant des prairies, des champs couverts de vignes, d'épis et d'arbres fruitiers ; çà et là dans le lointain, quelques villages, des châteaux, des chaumières, le vaste étang de Saint-Gratien et une chaîne de coteaux qui termine ce tableau. Ce pays est celui des amants, des poètes et des philosophes ; les peintres de Paris viènent aussi y composer leurs plus jolis paysages.

Si l'on veut avoir la vue la plus délicieuse et la plus variée que l'on puisse rencontrer, il faut se placer sur cette butte qui environne l'église de Montmorency : du grand portail on domine sur toute la vallée. Cette église est d'une architecture noble et simple ; elle ajoute par sa position à l'effet pittoresque que présente cet endroit. On y voyait autrefois le mausolée du duc Henri de Montmorency, fameux par ses combats et par sa fin tragique (1) ; ce mausolée a été déposé aux Petits-Augustins, avec les monuments français.

---

(1) Il fut décapité à Toulouse, sous Louis XIII, le 30 octobre 1632.

Naguère on remarquait à Montmorency cette belle habitation, qui avait appartenu au maréchal de Luxembourg, et le vaste parc qui en faisait partie. Ce château, après avoir souvent changé de maîtres depuis la révolution, fut revendu, en 1816, à une compagnie de destructeurs par spéculation, nommée *la bande noire*, qui l'a fait démolir ; les bois du parc ont été aussi abattus ; il ne reste plus que quelques pierres de cette ancienne demeure des Montmorency et des Condé.

J.-J. Rousseau, dont j'aurai à vous entretenir dans le cours de ces lettres, a décrit ainsi ce château :

« On voit, dit-il, à Montmorency ou » Enghien (1), une maison particulière » bâtie par Croizat, dit *le Pauvre*, la- » quelle ayant la magnificence des plus » superbes châteaux, en mérite et en porte

(1) Après la mort du duc de Montmorency, ce patrimoine avait passé, par sa sœur, dans la maison d'Enghien ou de Condé ; de là est venu le nom d'Enghien, qui fut donné à Montmorency.

» le nom. L'aspect imposant de ce bel édi-
» fice, la terrasse sur laquelle il est bâti,
» sa vue unique peut-être au monde,
» son vaste salon peint d'une excellente
» main (1), son jardin planté par le cé-
» lèbre Lenotre : tout cela forme un tout
» dont la majesté frappante a pourtant je
» ne sais quoi de simple qui soutient et
» nourrit l'admiration. »

Un ministre d'une cour d'Italie (2), sous le précédent gouvernement, était devenu propriétaire de cette habitation ; il avait fait peindre les plafonds avec magnificence, et changer l'intérieur des appartements; on y avait fait des dépenses considérables, lorsque les événements politiques de 1814 obligèrent ce ministre à quitter la France et à abandonner à ses créanciers ce superbe château.

On distingue ici deux habitations assez remarquables : l'une appartient à M. de

---

(1) Par Lafosse.
(2) M. Aldini.

Monroy, l'autre à M. Goix. La première offre un parc entretenu avec soin : on y voit un temple, avec la statue en pied de madame de Lavalette, qui en était autrefois propriétaire ; à un bout du parc est un joli pavillon chinois, élevé sur une plate-forme d'où l'on découvre la vue la plus agréable et la plus étendue ; à l'autre extrémité on aperçoit une tour du nord avec ses créneaux, qui rappèle les temps de Raoul et de sir de Couci. La propriété de M. Goix présente une maison d'habitation d'un excellent goût ; le parc, qui a une grande étendue, domine sur toute la vallée.

Montmorency et ses environs sont fréquentés par les amis de la belle nature et par les étrangers de la plus haute distinction, qui vièneñt y jouir de tous les charmes que peut offrir la campagne ; on y vient aussi visiter les lieux qu'ont habités plusieurs personnages célèbres, notamment l'Hermitage qui fut la demeure de Rousseau et de Gretry. Ici l'air est très-pur, les fruits y sont en abondance, et les cerises surtout excellentes (1).

A propos de cerises, je vous dirai que ce fut Lucullus, vainqueur de Mithridate, qui apporta du royaume de Pont les premières cerises qu'on ait vues en Europe. Lucullus fut à la fois consul, habile général et le plus fameux gastronome de l'antiquité. On rapporte que Cicéron et Pompée étant allés manger chez lui un jour, il fit servir dans son salon d'Apollon un souper qui coûta vingt-cinq mille francs. Mais

---

(1) Il n'est pas inutile de faire connaître aux personnes qui viènent visiter cet agréable pays, qu'il y a deux bons restaurateurs, l'un au Cheval-Blanc, l'autre au Cheval-Noir; tous les deux sur la place de Montmorency : le premier est recherché des milords, des gentlemen et des personnes à brillants équipages; chez le second, on trouve à un prix modéré bonne cuisine et surtout d'excellente pâtisserie, de l'intelligence dans le service, de l'honnêteté et beaucoup d'attentions de la part de la maîtresse de la maison.

Les chevaux servant d'enseigne à ces deux restaurateurs ont été peints, l'un par Gérard, l'autre par le Gros.

laissons-là les Romains, et n'imitons pas certains orateurs qui se croient obligés de parler de la guerre de Troie et du Scamandre avant de traiter leur sujet.

Je termine ma lettre par ces stances sur Montmorency, que j'ai composées sous l'ombrage d'un gros maronnier qui est près de l'Hermitage :

Salut, ô riante nature!
Salut, séjour délicieux,
Félicité paisible et pure,
On vous retrouve dans ces lieux;
Salut, frais et charmants bocages:
Tendres amants, venez ici;
L'Amour, heureux sous ces ombrages,
Vous appèle à Montmorency.

Ami de Gessner, prends ta lyre,
Parcours et chante ces coteaux;
Artiste que Minerve inspire,
Retrace ces riants tableaux:
Mais de Pomone avec tendresse
Ce pays surtout est chéri;
Fruits renommés de la déesse,
On vous cueille à Montmorency.

Auteur de Saint-Preux, de Julie,
Ici fut ton heureux séjour;
Ici tout rappèle Sophie (1);
Ici tout nous parle d'amour.
A Rousseau dans cet Hermitage
Succéda le divin Gretry;
A cet Orphée offrons hommage:
Tout nous charme à Montmorency.

P. S. Je ne dois pas finir cette lettre sans vous parler des cavalcades sur les ânes de Montmorency, genre d'amusement qui est fort en vogue dans ce pays. Ces animaux, qui partout ailleurs sont rétifs, insensibles et contrariants, paraissent ici habitués de bonne heure à porter les dames; ils sont fort bien élevés, complaisants et dociles pour le beau sexe, qui sait apprécier leur mérite. Aussi beaucoup de jolies femmes et de petits-maîtres font de charmantes parties d'ânes dans les promenades de l'Hermitage, d'Andilly, des Champeaux, de Moulignon et autres endroits fréquentés.

---

(1) Nom de madame d'Houdetot, qui inspira le plus tendre amour à J.-J. Rousseau.

L'administration des ânes est très-profitable dans ce pays aux sieurs Bauché et Mérard qui en sont les principaux directeurs ; le premier a même la gloire d'être ici l'inventeur de ce genre d'amusement. Tous les deux ont le plus grand soin d'équiper élégamment ces montures avec des selles à l'anglaise, et de les mettre en montre dès que les voitures arrivent sur la place de Montmorency.

Ces animaux servent aussi à porter les comestibles et les ustensiles nécessaires aux dîners que l'on fait souvent ici sur le gazon et à l'ombre des bois, pour jouir des sites agréables de ce pays.

LETTRE DEUXIÈME.

Montmorency, le etc.

J'AI promis de vous parler aujourd'hui de l'Hermitage. Cette habitation est à un quart de lieue de Montmorency, et à égale distance de Groley. J.-J. Rousseau se promenant un jour avec madame d'Epinay, dont le château, nommé la Chevrette, était dans les environs, remarqua ce lieu solitaire, qu'on appelait l'Hermitage. Ce n'était alors qu'une petite maison fort délabrée, avec un potager, qui appartenait à cette dame. Jean-Jacques, frappé du charme paisible que présentait ce séjour, s'écria : « Quelle habitation délicieuse ! voilà un » asile tout fait pour moi ! » Madame d'Epinay eut l'air de faire peu d'attention au discours du philosophe; mais voulant le surprendre agréablement, elle détacha plusieurs des ouvriers qui travaillaient à son château, et fit reconstruire cette petite maison, dans l'intention d'y fixer Rousseau. L'ouvrage étant achevé, elle dirigea avec lui sa promenade de ce côté, et jouissant de sa surprise, elle lui dit : « Voilà votre » asile; c'est vous qui l'avez choisi, c'est » l'amitié qui vous l'offre. » Rousseau, pour toute réponse, mouilla des pleurs de la reconnaissance la main de madame d'Epinay.

Il accepta cette offre présentée avec tant de grâce et de délicatesse ; il vint demeurer à l'Hermitage le 9 avril 1756. Tout inspire ici une douce rêverie ; la paix et le bonheur semblent régner dans ces lieux. On y arrive par une avenue d'où l'on remarque à droite une vue agréable, et à gauche une jolie habitation qu'on appèle le Chalet. L'Hermitage est loin d'avoir maintenant cette simplicité qu'il avait du temps de Rousseau; mais les appartements ont encore la même distribution, et on y a conservé quelques meubles ayant servi à cet écrivain.

Le jardin qui est derrière la maison a peu d'étendue; mais il plaît par sa variété et son air romantique; il offre des gazons, de l'ombrage et le murmure d'un petit bassin d'où l'eau s'écoule au milieu d'un tapis de verdure, près d'un monument consacré à Gretry : c'est un piédestal en marbre, avec le buste de l'auteur du Sylvain et de tant de charmants opéras. On y lit cette inscription : *Grétry, ton génie est partout, mais ton cœur n'est qu'ici.* Ce grand compositeur mourut dans cette habitation le 24 septembre 1813. Je l'ai vu plusieurs fois à l'Hermitage, et je vous en parlerai plus particulièrement dans une de ces lettres (1).

(1) Par suite de la mort de Gretry, l'Hermitage fut vendu en 1814. M. Flamand, qui a épousé la nièce de ce compositeur, s'en rendit adjudicataire. Il a fait restaurer la maison et construire un prolongement vers le bout; les jardins ont été agrandis, et on a planté à l'anglaise la partie qui est vers le monument de Gretry.

En me promenant dans ce jardin, où je rencontrai des étrangers qui étaient venus visiter ce séjour illustré par deux hommes célèbres, je remarquai un buste de Rousseau placé dans une cavité du mur; j'appris que c'était un hommage rendu à sa mémoire par madame d'Epinay, et je lus au pied ces vers dont elle est l'auteur:

« Toi dont les plus brûlants écrits
» Furent créés dans cet humble hermitage,
» Rousseau, plus éloquent que sage,
» Pourquoi quittas-tu mon pays?
» Toi-même avais choisi ma retraite paisible;
» Je t'offris le bonheur, et tu l'as dédaigné;
» Tu fus ingrat, mon cœur en a saigné;
» Mais qu'ai-je à retracer à mon âme sensible?
» Je te vois, je te lis, et tout est pardonné. »

Vous jugerez, lorsque j'aurai à vous faire connaître le motif qui fit sortir Rousseau de l'Hermitage, si le reproche d'ingratitude que lui fait ici madame d'Epinay est fondé.

Madame d'Epinay avait beaucoup d'esprit; elle réunissait souvent à la Chevrette les philosophes et les écrivains les plus distingués de son temps : Diderot, Dalembert, Duclos et Saint-Lambert, faisaient partie de sa société intime ; J.-J. Rousseau fut surtout pris en affection par cette dame. On ne sait si ce sentiment était de l'amour, de l'amitié, ou une sorte de prétention d'attacher à son char cet écrivain dont la réputation commençait à avoir une grande célébrité ; il est du moins constant qu'elle était jalouse de la préférence qu'il montra quelque temps après pour madame d'Houdetot, sa belle-sœur.

Madame d'Epinay, épouse d'un homme riche, mais dissipé, ne trouva pas le bonheur au sein de l'union conjugale ; née avec une vive imagination et de la sensibilité, elle éprouvait ce qu'une jolie femme appèle l'*ennui du cœur ;* elle écrivait à M. de Lisieux, son tuteur : « Toutes les occupa-
» tions qui étaient pour moi des ressources
» contre la peine et contre l'ennui, me
» sont devenues fastidieuses : la lecture
» m'ennuie, la peinture me dégoûte, le

» travail me fatigue, et je ne sais plus que » faire; toutes mes idées sont noires; je » me porte bien, et je m'écoute toute la » journée, dans l'espérance de me trouver » malade. »

Dans ces entrefaites, un certain M. de Francueil, homme de beaucoup d'esprit, essaya de plaire à madame d'Epinay, et de chasser ses idées noires: il y parvint, et elle se consola des infidélités de son mari. Dans une de ces conversations qui précèdent les tendres engagements, madame d'Epinay disait à M. de Francueil: « Je » veux un cœur!.... un cœur comme on » n'en trouve point, qui soit délicat, cons- » tant et fidèle. — Mais cela va sans dire, » répondit M. de Francueil; rien n'est si » commun ni si aisé à trouver. — Pas » tant que vous le croyez; il y a mille cas » où je le trouverais peut-être fort loin de » l'unisson que je désire: quant à l'esprit, » par exemple, vous croyez peut-être que » j'en voudrais trouver beaucoup? non, » ce n'est pas cela; c'est une certaine tour-

» nure, une manière d'envisager les ob-
» jets..... d'entendre à demi-mot. — Ma-
» dame, le cœur donne cet esprit-là. »

Madame d'Epinay protesta qu'elle ne voulait point d'amant; mais qu'elle consentirait à avoir un ami, un conseil. M. de Francueil sollicita à ses genoux la faveur d'être cet ami et ce conseil; elle y consentit avec beaucoup de peine, mais enfin elle y consentit. Elle se laissa conduire par lui, et bientôt il ne fut plus question de tristesse ni de vapeurs.

Ce fut à cette époque qu'elle fixa sa résidence à Epinay; madame d'Esclavelles sa mère, M. de Bellegarde son beau-père, et madame d'Houdetot, vinrent aussi habiter le château; M. de Francueil s'y établit également, ainsi qu'une demoiselle d'Ette, amie et confidente de madame d'Epinay. Cette demoiselle d'Ette, dit Rousseau, passait pour méchante, et vivait avec Valory, qui ne passait pas pour bon.

Cette union d'amour et d'amitié peut donner une idée des mœurs assez corrompues de ce qu'on appelait alors la bonne compagnie. La philosophie s'alliait à tout cela ; il suffisait d'avoir l'art de faire oublier ou de voiler par des dehors aimables une conduite souvent très-déréglée ; la sensibilité était, surtout dans ce temps, beaucoup de mode : on cachait ainsi, sons le masque du sentiment, un libertinage hypocrite.

Francueil, qui était répandu dans la société des gens de lettres, présenta Rousseau à madame d'Epinay. Voici comment elle traçait alors, en écrivant à une amie, le portrait de cet écrivain, d'après les premières impressions qu'il avait produites sur elle : « Il est complimenteur sans être poli, » ou au moins sans en avoir l'air ; il paraît » ignorer les usages du monde, mais il est » aisé de voir qu'il a infiniment d'esprit ; » il a le teint brun, et des yeux pleins de » feu animent sa physionomie : lorsqu'il » a parlé, et qu'on le regarde, il paraît » joli ; mais lorsqu'on se le rappèle, c'est

» toujours en laid. On dit qu'il est d'une » mauvaise santé, et qu'il a des souffrances » qu'il cache avec soin, par je ne sais quel » principe de vanité; c'est apparemment » ce qui lui donne de temps en temps l'air » un peu farouche. M. de Bellegarde, avec » qui il a causé long-temps, en est en- » chanté, et l'a engagé à nous venir voir » souvent. J'en suis bien aise; je me pro- » mets de jouir beaucoup de sa conver- » sation. »

M. d'Epinay, de retour d'une longue absence, vint à la Chevrette : il s'avisa de se plaindre des tendres assiduités de M. de Francueil auprès de sa femme; mais la jalousie était alors d'un si mauvais ton de la part d'un mari comme il faut, qu'il ne craignait rien tant que de faire paraître ce ridicule. « Il me fait des scènes à me » faire perdre la tête, disait madame d'E- » pinay, toutes les fois qu'il sait que M. de » Francueil vient ici, et il est le premier » à l'aller prier d'y venir, lorsque je suis » deux jours sans le voir. »

Rousseau, qui était accueilli à la Chevrette, y présenta M. Grimm : il était venu de l'Allemagne avec le comte de Frièse, qui fut fait en France maréchal de camp, et qui l'avait pris à sa suite en qualité de secrétaire. Grimm cherchait à se produire dans le monde, et surtout auprès des femmes. Homme d'esprit et adroit, il observait avec sagacité, il avait des connaissances ordinaires, mais il possédait plus qu'un autre l'art de se mettre en crédit ; il avait remarqué qu'une certaine réputation de sensibilité était alors le meilleur titre de recommandation auprès des dames. Grimm sut bientôt se faire passer pour un homme à sentiment. Ce fut mademoiselle Fel, actrice de l'Opéra, qui contribua sous ce rapport à le mettre en vogue. Il en devint éperdûment amoureux ; mais ses appointements de secrétaire lui offraient de faibles ressources, et sa passion ne pouvant se faire connaître à cette beauté par les présents d'usage, elle fut sans succès. Grimm prit l'affaire au sérieux, et prétendit en mourir. Il feignit une étrange maladie, c'était une sorte de léthargie. Il se faisait garder par ses amis, notamment par Rousseau et par l'abbé Raynal. Le comte de Frièse, qui en fut alarmé, lui amena le médecin Senac, qui, après l'avoir bien examiné, dit que cela ne serait rien, et sourit en sortant. Néanmoins Grimm persista pendant plusieurs jours à ne rien prendre que des *confitures confites* qu'on lui mettait sur la langue, et qu'il avalait fort bien. « Un » beau matin, dit Rousseau, il se leva, » s'habilla, et reprit son train de vie ordi- » naire, sans que jamais il m'ait reparlé, » ni, que je sache, à l'abbé Raynal, ni à » personne, de cette singulière léthargie, » ni des soins que nous lui avions rendus » tandis qu'elle avait duré. »

Cette aventure fut divulguée et fit du bruit dans le monde. Les dames citèrent Grimm comme un modèle de sentiment et de constance; on lui trouva mille qualités qu'on ne lui avait pas encore remarquées auparavant ; il fut prôné, recherché et fêté. Madame d'Epinay, qui commençait à éprouver quelque négligence de la part de M. de Francueil, parut alors fixer son attention sur Grimm. Une circonstance inattendue ne tarda pas à le mettre tout-à-fait en faveur auprès d'elle.

Madame d'Epinay avait reçu le dernier soupir de madame de Jully, sa belle-sœur, qui mourut de la petite vérole ; quelques instants avant d'expirer, elle lui confia la clé de son secrétaire, dans l'intention d'en brûler quelques lettres galantes ignorées de son mari. Madame d'Epinay, dans son empressement, jeta au feu tous les papiers qui se trouvaient dans ce secrétaire, et particulièrement un acte d'association entre MM. d'Epinay et de Jully. Celui-ci était créancier du premier, en vertu de cet acte, pour une somme de deux cent mille francs. Cette affaire fut connue, et l'on supposa que madame d'Epinay avait brûlé ce titre, comme le meilleur moyen de s'acquitter. On en parla dans une société où Grimm se trouvait, et on accusa madame d'Epinay; celui-ci prit avec chaleur le parti de cette dame, et la vengea l'épée à la main. Voici comment elle rapporte elle-même cette circonstance, dans une de ses lettres :

« M. Grimm était à dîner chez le comte » de Frièse, chez qui il loge; il y avait » beaucoup de monde, mais point de fem- » mes. Vers le milieu du repas, on conta » mon aventure, et elle fut présentée » comme un tour de passe-passe d'autant » plus adroit, que j'avais, disait-on, cou- » vert mon escamotage du voile de l'amitié » et de l'honnêteté. M. Grimm voulut me » défendre par la réputation de probité et » de désintéressement que je m'étais ac- » quise universellement. Un certain baron » d'E*** insista sur l'accusation. M. Grimm » répliqua qu'il fallait avoir bien peu d'hon- » neur, pour avoir besoin de deshonorer » les autres sans examen. »

Le baron se tint offensé de cette réponse; il se battit avec Grimm dans le jardin. Ce dernier porta à son adversaire un coup qui atteignit légèrement les côtes, et en reçut un en même temps dans le bras. Le baron s'avoua vaincu.

Madame d'Epinay, qui apprit cette nouvelle, éprouva un vif sentiment de reconnaissance, et bientôt ce fut de l'amour. Les torts de M. de Francueil parurent plus graves : Grimm, qui portait avec grâce son bras en écharpe, méritait bien une récompense. Madame d'Epinay l'appelait son chevalier, et il ne tarda pas à devenir le successeur de M. de Francueil.

Grimm, de souple et de mielleux qu'il était auprès de madame d'Epinay, prit alors un ton de maître dans sa maison : il en chassa ses amis, pour mieux dominer; il devint arrogant et despote. Duclos et Rousseau se trouvèrent bientôt exposés à ses attaques.

J'ai voulu vous faire connaître ici les principaux traits du caractère de madame d'Epinay, et vous donner une idée de cette société de la Chevrette où se rassemblaient alors les beaux esprits, les philosophes et les hommes de cour ainsi que les femmes aimables de ce temps. Ces détails vous feront apprécier quelle était la corruption de ces gens du bon ton. On imitait les mœurs dissolues de la cour de Louis XV, et quelques maximes d'une certaine philosophie appelée la loi naturelle, justifiaient ces déréglements.

Rousseau s'était rendu aux instances de madame d'Epinay : il venait de s'établir à l'Hermitage. Nous reviendrons le retrouver dans cette tranquille demeure; mais il est tard, je termine ma lettre, et je vais me livrer aux douceurs du sommeil.

Sur vos paupières, ô Jennie !
Puisse Morphée effeuiller ses pavots,
Et vous donner un doux repos !
Mais si la cruelle insomnie,
De votre teint ternissait la fraîcheur,
Croyez qu'un instant de bonheur
Suffit pour la faire renaître :
Ainsi dans nos jardins est l'éclat d'une fleur
Que la nuit a fait disparaître ;
On la revoit plus belle avec l'astre du jour.
Tel est le cœur, il languit sans amour,
Il est heureux dès qu'il peut le connaître.

LETTRE TROISIÈME.

Montmorency, le etc.

ROUSSEAU était établi à l'Hermitage ; il crut trouver le repos et le bonheur dans cette solitude ; mais ses ennemis signalèrent cet isolement comme une singularité et un excès d'amour-propre : ils répétaient qu'il voulait s'attirer ainsi plus particulièrement l'attention. Ce fut pour censurer cette détermination de Rousseau, que Diderot, qui fut son ami, mais qui se rangea dans la suite parmi ses détracteurs, lui appliqua cette maxime du fils naturel (1) : *Il n'y a que le méchant qui soit seul.* Cette phrase affecta sensiblement

(1) Drame, par Diderot.

Rousseau, il s'en plaignit dans ses écrits. Cette maxime n'avait pas même le mérite de la vérité, car le méchant au contraire fuit la solitude : seul il ne peut nuire. Il n'appartient qu'aux âmes pures et sensibles, aux esprits qui ont une certaine élévation, et qui savent s'occuper dans la retraite, de goûter ce délicieux repos que donne la nature.

Therèse et madame Levasseur, sa mère, vinrent aussi habiter l'Hermitage. Ces deux femmes, sans esprit, sans éducation, et si étrangères aux goûts de Rousseau, ne concevaient rien à cette manière de vivre; le silence et le calme des bois ne leur convenaient pas, elles regrétaient Paris; mais ce qui étonnera davantage, c'est que, nourries à ses dépens, elles servaient d'espions à Grimm et à madame d'Épinay, qui ne dédaignaient pas de les employer pour être instruites de ses moindres actions et des visites qu'il recevait.

Rousseau, quoique dans un âge déjà avancé, n'avait point fermé son cœur aux douces illusions de l'amour; il éprouvait ce besoin d'aimer que la solitude semble augmenter; il cherchait dans l'exaltation de son âme brûlante un objet digne de ses adorations.

Il s'occupait alors de sa nouvelle Héloïse; il reportait ses tendres sentiments sur les êtres fictifs de ce charmant roman, l'une de ses immortelles productions : son imagination se promenait avec délices dans les bosquets de Clarens, au milieu de la famille d'Étanges, avec Claire, Julie et Saint-Preux. Ces séduisantes chimères suffisaient à son bonheur, lorsque madame d'Houdetot vint à paraître à l'Hermitage; elle n'était restée que peu de temps à la Chevrette; elle avait loué une jolie maison qu'elle habitait à Eaubonne, au bas de la vallée de Montmorency, près de celle qui appartenait à Saint-Lambert, avec lequel elle était liée intimement.

Madame la comtesse d'Houdetot était fort aimable; elle joignait à beaucoup d'esprit les plus excellentes qualités du cœur; sans être jolie, sa figure offrait un agréable ensemble animé par la vivacité de l'expression : sa grâce, son ton, ses manières plaisaient à tout le monde; sa conversation était très-spirituelle; elle avait je ne sais quoi de bon, d'honnête et d'obligeant qui faisait qu'on en était enchanté : je l'ai connue lorsqu'elle était arrivée à un âge très-avancé, et tel est l'effet qu'elle a produit sur moi. Je vous parlerai bientôt de la visite que je fus lui rendre à son château de Sanois.

Voici le portrait que Rousseau fait de madame d'Houdetot « : Madame d'Hou-
» detot n'était point belle; son visage était
» marqué de la petite vérole; son teint
» manquait de finesse; elle avait la vue
» basse, et les yeux un peu ronds; mais
» elle avait l'air jeune avec tout cela, et
» sa physionomie à-la-fois vive et douce,
» était caressante; elle avait une forêt de
» grands cheveux noirs naturellement
» bouclés, qui lui tombaient au jarret;
» sa taille était mignonne, et elle mettait

» dans ses mouvements de la gaucherie » et de la grâce tout-à-la-fois ; elle avait » l'esprit très-naturel et très-agréable ; la » gaîté, l'étourderie et la naïveté s'y ma- » riaient heureusement ; elle abondait en » saillies charmantes qu'elle ne recherchait » point, et qui partaient quelquefois mal- » gré elle ; elle avait plusieurs talents agréa- » bles, jouait du clavecin, dansait bien, » faisait d'assez jolis vers. Pour son ca- » ractère, il était angélique ; la douceur » d'âme en faisait le fonds ; mais hors la » prudence et la force, il rassemblait » toutes les vertus. «

On conçoit que Rousseau, dont l'âme était alors transportée, et qui soupirait pour sa Julie, dut facilement se passionner pour madame d'Houdetot ; car en amour, si les beautés imaginaires peuvent quelques instants séduire notre esprit, il faut convenir que les beautés réelles valent beaucoup mieux.

« Elle vint, dit Rousseau, je la vis, » j'étais ivre d'amour sans objet ; cette

» ivresse fascina mes yeux ; cet objet se » fixa sur elle : je vis ma Julie en madame » d'Houdetot, et bientôt je ne vis plus » que madame d'Houdetot elle-même, » mais revêtue de toutes les perfections » dont je venais d'orner l'idole de mon » cœur. Pour m'achever, elle me parla de » Saint-Lambert en amante passionnée ; » force contagieuse de l'amour ! En l'écou- » tant, en me sentant auprès d'elle, j'étais » saisi d'un frémissement délicieux que » je n'avais jamais éprouvé auprès de per- » sonne. Elle me parlait, et je me sentais » ému ; je croyais ne faire que m'inté- » resser à ses sentiments quand j'en pre- » nais de semblables ; j'avalais à longs traits » la coupe empoisonnée, dont je ne sentais » encore que la douceur. Enfin, sans que » je m'en aperçusse, et sans qu'elle s'en » aperçût, elle m'inspira pour elle-même » tout ce qu'elle exprimait pour son amant. » Hélas ! ce fut bien tard, ce fut bien » cruellement brûler d'une passion non » moins vive que malheureuse, pour une

» femme dont le cœur était plein d'un » autreamour. »

Il y avait long-temps que madame d'Houdetot n'avait vu Rousseau depuis qu'elle avait quitté la Chevrette : la curiosité ou peut-être le désir de lui porter des nouvelles de Saint-Lambert, dont il était l'ami, l'avait conduite à l'Hermitage. La vive impression qu'elle avait produite sur Rousseau, augmentait chaque jour; madame d'Houdetot paraissait la flatter avec une sorte de coquetterie, cependant elle sentait que la liaison plus intime qui l'attachait à Saint-Lambert, qui était alors en garnison à Mahon, ne lui permettait pas de la partager; Rousseau le savait, il en approuvait le motif, mais son cœur n'en brûlait pas moins pour elle des plus tendres feux; il lui écrivait des lettres passionnées; il en recevait aussi de madame d'Houdetot; il lui rendait de fréquentes visites, et un endroit qu'ils nommaient le mont Olympe, près des bois d'Andilly, était souvent le lieu de leurs rendez-vous et de leurs promenades. Cet amour ressemblait assez à l'amour platonique, mais il faisait leur bonheur. Si parfois Rousseau était entraîné par le délire de sa passion, il suffisait à madame d'Houdetot de lui rappeler Saint-Lambert; tout-à-coup il s'arrêtait, se taisait et répandait des larmes. Voici comment il raconte lui-même une de ces circonstances.

« Il y avait près d'une lieue de l'Hermi-
» tage à Eaubonne; dans mes fréquents
» voyages, il m'est arrivé quelquefois d'y
» coucher : un soir, après avoir soupé
» tête-à-tête, nous allâmes nous promener
» au jardin par un très-beau clair de
» lune. Au fond de ce jardin était un
» assez grand taillis, par où nous fûmes
» chercher un joli bosquet orné d'une
» cascade dont je lui avais donné l'idée,
» et qu'elle avait fait exécuter; souvenir
» immortel d'innocence et de jouissance!
» Ce fut dans ce bosquet qu'assis auprès
» d'elle sur un banc de gazon, sous un
» acacia tout chargé de fleurs, je trouvai
» pour rendre les mouvements de mon

» cœur un langage vraiment digne d'eux ;
» ce fut la première et l'unique fois de
» ma vie ; mais je fus sublime, si l'on
» peut nommer ainsi tout ce que l'amour
» le plus tendre et le plus ardent peut
» porter d'aimable et de séduisant dans
» un cœur d'homme. Que d'enivrantes
» larmes je versai sur ses genoux ! que je
» lui en fis verser malgré elle ! Enfin,
» dans un transport involontaire, elle
» s'écria : Non, jamais homme ne fut si
» aimable, et jamais amant n'aima comme
» vous ! mais votre ami Saint-Lambert
» vous écoute, et mon cœur ne saurait
» aimer deux fois. Je me tus en soupi-
» pirant ; je l'embrassai ; quel embrasse-
» ment ! mais ce fut tout. Il y avait six
» mois qu'elle vivait seule, c'est-à-dire,
» loin de son amant et de son mari : il
» y en avait trois que je la voyais presque
» tous les jours, et toujours l'amour en
» tiers entre elle et moi. Nous avions
» soupé tête-à-tête ; nous étions seuls
» dans un bosquet, au clair de la lune,

» et après deux heures de l'entretien le » plus vif et le plus tendre, elle sortit » au milieu de la nuit de ce bosquet et » des bras de son ami aussi pure de corps » et de cœur qu'elle y était entrée. »

Admirons ici l'éloquence de Rousseau, mais s'il n'eût pas publié les liaisons adultères de madame d'Houdetot avec Saint-Lambert, cette dame ainsi que la morale y auraient gagné. Lorsque vous serez épouse et mère, songez que le bonheur n'est point dans les passions, mais dans les devoirs que cet état impose, et qui offre des charmes pour les âmes honnêtes.

Celle qui comme vous est aimable et jolie,
Qui peut semer de fleurs
Chaque instant de la vie
Du mari qui l'aura choisie,
Sans doute dans l'hymen trouvera des douceurs.
Sachez que femme belle et sage,
Qui voit dans son époux son ami, son amant,
En lui rencontre rarement
Un homme infidèle et volage.

LETTRE QUATRIÈME.

A Montmorency, le etc.

Que la destinée de Rousseau a été malheureuse et bizarre! Trahi par ceux qu'il croyait ses amis les plus chers; en butte aux traits des philosophes, parce qu'il avait blâmé l'orgueil philosophique; livré aux sarcasmes de Voltaire, qui ne lui pardonnait pas son discours sur *l'inégalité des conditions*, et qui publia contre lui *l'Optimiste*, où il le fait figurer sous le nom du docteur Pangloss ; persécuté par la Sorbonne et l'archevêque de Paris, pour ses écrits, et particulièrement pour sa *Profession de foi du vicaire savoyard*, qui est remplie d'une éloquence si pure, si entraînante, et qui enseigne cette tolérance des consciences qui n'était pas du goût des séminaristes. Lors même que Rousseau aurait mérité quelque blâme pour certaines maximes de ses écrits, on sera forcé d'avouer qu'il fut poursuivi avec un injuste acharnement par le parti ecclésiastique. On conçoit que l'âme sensible de l'auteur d'*Emile*, dut être accablée sous le poids de ces attaques et de ces persécutions si opposées; de là était venu en lui ce caractère de défiance et de susceptibilité que ses ennemis ont représenté sous les couleurs les plus noires. Mais suivons-le dans son séjour à l'Hermitage, et voyons s'il a mérité d'être accusé d'ingratitude envers madame d'Epinay.

Madame d'Epinay ne tarda pas à être instruite de l'amour de Rousseau pour madame d'Houdetot : elle en parut jalouse, ou peut-être était-ce par amour-propre seulement qu'elle se trouvait blessée de cette préférence. Ce qui est certain, c'est qu'elle employait toutes sortes de manœuvres pour se faire remettre, par la vieille Levasseur ou par Thérèse, les lettres qu'il adressait à madame d'Houdetot, ou qu'il en recevait; elle avait soin de leur dire qu'elle les recachèterait si bien qu'il n'y paraîtrait pas ; elle poussait même l'audace, dit Rousseau, jusqu'à les chercher dans la bavette de Thérèse.

Diderot, que Grimm avait pris en amitié, écrivit à Rousseau et blâma sa passion pour madame d'Houdetot; le baron d'Olbach, qui fréquentait beaucoup la Chevrette, en parut scandalisé, comme s'il n'était pas permis à un homme d'esprit d'être amoureux d'une femme aimable; Grimm, qui avait essayé vainement de plaire à madame d'Houdetot, en fut surtout irrité : il était indigné qu'un homme qui ne s'occupait pas comme lui à soigner sa parure, à blanchir sa peau et à brosser ses ongles, eût pu obtenir cette préférence.

Rousseau répondit à Diderot, et dans sa lettre il lui avoua avec franchise, son amour pour madame d'Houdetot : c'était la confession de l'amitié; elle fut violée. Cette lettre fut produite à Grimm et à madame d'Epinay, qui correspondaient avec Saint-Lambert. Celui-ci fut bientôt informé de ces liaisons, et on avait soin de lui donner à entendre que Rousseau était plus favorisé qu'il ne l'était réellement. Madame d'Houdetot reçut une lettre de son amant; il se plaignait avec défiance, avec jalousie. Elle en instruisit Rousseau : « Je crains » bien, lui dit-elle en soupirant, que vos » folies ne me coûtent le repos de mes » jours. » Celui-ci éclata contre Diderot, qui avait abusé à ce point de sa confiance. Madame d'Houdetot l'invita à écrire à Saint-Lambert. Il lui écrivit, et Saint-Lambert répondit à Rousseau par une lettre pleine de sentiments d'estime et d'amitié. Mais quelque temps après, madame d'Houdetot se croyant obligée de rompre une liaison qui paraissait troubler la tranquillité de celui qu'elle aimait par-dessus tout, elle demanda ses lettres à Rousseau. Il les remit, et désira qu'elle lui rendît les siennes; elle répondit qu'elle les avait brûlées. « J'en osai douter, dit-il, et

» j'avoue que j'en doute encore ; non, l'on » ne met point au feu de pareilles lettres. » on a trouvé brûlantes celles de la Julie ; » ah Dieu ! qu'aurait-on donc dit de celles-» là ? Non, non, jamais celle qui peut ins-» pirer une pareille passion n'aura le cou-» rage d'en brûler les preuves. » Depuis ce temps madame d'Houdetot vit Rousseau beaucoup plus rarement, et avec une extrême réserve.

Grimm, qui jusqu'alors n'avait pas manqué de saisir toutes les occasions d'indisposer madame d'Epinay contre Rousseau, trouva bientôt le moyen de le brouiller tout-à-fait avec elle, et l'on va voir comment il y parvint.

Depuis quelque temps la santé de madame d'Epinay paraissait languissante ; elle avait résolu d'aller faire un voyage à Genève, pour y consulter le célèbre docteur Tronchin. Ce médecin avait été mis à la mode par Voltaire ; il excellait surtout à guérir les nerfs et les vapeurs des dames : ses remèdes étaient simples, et devaient réussir; il leur conseillait l'exercice et la tempérance, en y joignant quelquefois des pillules de savon.

Madame d'Epinay désira emmener Rousseau avec elle dans ce voyage. Grimm connaissait les obstacles qui devaient le retenir; mais il approuva cette idée de madame d'Epinay, qui attachait peut-être une sorte de vanité à traîner à sa suite le philosophe de l'Hermitage. Elle insista, et Grimm en fit la proposition de sa part. Rousseau répondit à sa lettre : « Vous savez, » lui disait-il, qu'il m'est impossible de » travailler à de certaines heures; qu'il me » faut la solitude, les bois et le recueil» lement; considérez mon état, mes maux, » mon humeur, mes moyens, ma manière » de vivre, plus forte désormais que les » hommes et la raison même. Voyez, je » vous prie, en quoi je puis servir madame » d'Epinay dans ce voyage, et quelles pei» nes il faut que je souffre sans lui être ja» mais bon à rien. Puis-je espérer d'ache-

» ver si rapidement une si longue route » sans accident? Ferai-je à chaque instant » arrêter pour descendre, ou accélérerai- » je mes tourments et ma dernière heure, » pour m'être contraint?

» Je pourrais suivre la voiture à pied, » comme dit Diderot; mais la boue, la » pluie, la neige, me retarderont beau- » coup dans cette saison. Quelque fort » que je coure, comment faire vingt-cinq » lieues par jour? et si je laisse aller la » chaise, de quelle utilité serai-je à la per- » sonne qui va dedans? »

Ces raisons devaient paraître assurément suffisantes; mais Grimm les présenta comme de vaines excuses, et il s'appuyait de ce refus, ainsi que ses adhérents, pour publier hautement que Rousseau était coupable de la plus noire ingratitude. On parvint à le persuader à madame d'Epinay.

Grimm avait allégué des affaires, et même le service de son emploi de secrétaire, pour se dispenser d'être du voyage. Cependant Rousseau refuse; Grimm accepte : c'était le moyen de faire valoir adroitement cette complaisance auprès de madame d'Epinay.

Bientôt tout fut arrangé pour le départ : elle se met en voyage avec M. d'Epinay (1) et son fils, M. Linant son précepteur, et Grimm. Peu de temps après, Rousseau reçut une lettre de madame d'Epinay qui l'affecta vivement. Il est constant que c'était l'effet des perfides insinuations de Grimm : il y répondit. Cette lettre fut suivie d'une autre de madame d'Epinay, dans laquelle on remarque le passage suivant :

« Puisque vous vouliez quitter l'Hermi-
» tage, et que vous le deviez, je suis éton-

---

(1) La présence de M. d'Epinay dans ce voyage réfute complettement l'opinion publiée dans quelques écrits, que madame d'Epinay serait allée à Genève, pour accoucher secrètement d'un enfant dont Grimm aurait été le père; on a dit même que Rousseau avait partagé cette opinion; mais on remarquera qu'il n'en dit pas un mot dans ses Confessions ni dans aucune de ses lettres. Cette idée est dénuée de toute raison et de tout fondement.

» née que vos amis vous ayent retenu; pour
» moi, je ne consulte point les miens sur
» mes devoirs, et je n'ai plus rien à vous
» dire sur les vôtres. »

Rousseau pensa, d'après cette lettre, qu'il ne devait plus rester à l'Hermitage. Il le quitta en effet au milieu de l'hiver de 1758. On peut juger maintenant si l'ingratitude que madame d'Epinay lui a reprochée est fondée.

Pendant mon séjour à Montmorency, j'ai dirigé souvent mes promenades vers ce lieu solitaire où cet éloquent écrivain composa son aimable et gracieuse Julie ; je vais même vous raconter à ce sujet un songe délicieux que l'instant du réveil a trop tôt dissipé ; c'est ainsi que ce qui nous affecte, ou ce que l'on désire vivement, se retrace à notre imagination pendant le sommeil.

Je rêvais que tous deux, dans ce doux Hermitage,
L'amour nous avait réunis.
Dans ces lieux par vous embellis,
Contents, nos jours coulaient sans trouble et sans nuage,

Eloignés des tristes humains.
Bientôt un monument, élevé par nos mains,
De notre amour à Rousseau fit hommage.
Souvenir enchanteur ! ah ! quels moments heureux
Je passais auprès de Jennie !
Je l'adorais comme Saint-Preux,
Elle m'aimait comme Julie.
Mais hélas ! je m'éveille au milieu de la nuit,
Adieu, songe charmant, mon bonheur est détruit.

LETTRE CINQUIÈME.

Montmorency, le etc.

J. J. Rousseau, après avoir quitté l'Hermitage, vint demeurer à Montmorency, dans une maison appelée le petit Mont-Louis, qui appartenait à M. Mathas, procureur fiscal du prince de Condé.

Cette propriété, qui appartient maintenant aux demoiselles Gogat, n'a rien de bien remarquable que d'avoir été l'asile de Rousseau.

La petite maison où il demeurait est entierement séparée de l'habitation principale, qui est à l'autre extrémité du jardin. On lit cette inscription sur la porte d'entrée :

« Cette maison appelée le petit Mont-
» Louis, a été habitée par J. J. Rousseau

» à sa sortie de l'Hermitage, le 15 décembre 1758, jusqu'au 19 juin 1762, qu'il en fut comme arraché à deux heures après minuit par ses amis, le feu maréchal de Luxembourg, propriétaire du château de Montmorency, et le feu prince de Conti, qui voulurent le soustraire au décret de prise de corps lancé contre lui, le 8 du même mois, par le parlement de Paris, après la publication de l'Émile.

» Il écrivait le 7 à l'un de ses amis : *J'ai rendu gloire à Dieu, j'ai parlé pour le bien des hommes ; pour une si grande cause, je ne refuserai jamais de souffrir : c'est aujourd'hui que le parlement rentre ; j'attends en paix ce qu'il lui plaira d'ordonner.* »

» Indépendamment de l'Émile, Rousseau composa ici le Contrat social, la lettre sur les spectacles, et mit la dernière main à la nouvelle Héloïse. »

On voit au bout de la terrasse du jardin un donjon ou pavillon qui servait à

Rousseau de cabinet d'étude ; on y arrive par une avenue de tilleuls qu'il fit planter. On découvre de cet endroit une partie de la vallée de Montmorency et le village de Saint-Gratien. Au milieu de cette avenue est une table ronde en pierre sur laquelle Rousseau venait souvent lire et travailler : on y a incrusté une plaque en cuivre avec ces vers :

« C'est ici qu'un grand homme a passé ses beaux jours;
» Vingt chefs-d'œuvre divers en ont marqué le cours :
» C'est ici que sont nés et Saint-Preux et Julie,
» Et cette simple pierre est l'autel du génie. »

Rousseau reçut au Mont-Louis la visite des plus célèbres personnages, tels que le prince de Conti (1), le maréchal de Luxembourg, madame la maréchale son

---

(1) M. le prince de Conti, plein d'estime et de bienveillance pour Rousseau, lui envoyait souvent du gibier par l'un de ses officiers des chasses, en le chargeant de lui dire qu'il était de sa chasse et l'avait tué de sa main ; manière aimable qui relevait le prix de ces présents, et prouve en même temps la considération que lui portait ce prince.

épouse; le duc de Villeroy, le prince de Tingry, madame la duchesse de Montmorency, madame la duchesse de Bouflers, madame la comtesse de Valentinois, et le vénérable Lamoignon de Malesherbes, qui périt sur l'échafaud, victime de son noble dévouement pour Louis XVI.

Peu après l'arrivée de Rousseau au Mont-Louis, on y fit des réparations, particulièrement aux planchers qui étaient fort mauvais. Ce fut pendant l'intervalle de ces travaux que monsieur et madame de Luxembourg lui offrirent un logement qu'il accepta dans l'endroit appelé le petit Château, bâti au milieu des eaux du parc de Montmorency. « C'est dans » cette profonde et délicieuse solitude, » dit Rousseau, qu'au milieu des bois » et des eaux, aux concerts des oiseaux » de toute espèce, au parfum de la fleur » d'orange, je composai dans une con- » tinuelle extase le cinquième livre de » l'Émile, dont je dus en grande partie » le coloris assez frais à la vive impres-

» sion du local où je l'écrivais. » (*Confessions.*)

Les réparations étant terminées, Rousseau retourna à son habitation, où il ne cessa d'être comblé de toutes sortes de marques d'amitié de la part du maréchal de Luxembourg : il voulut qu'il conservât son logement dans le pavillon du petit château, pour y venir travailler quand il le désirerait.

M. le Maréchal de Luxembourg, issu d'une famille illustre, avait cette droiture et cette franchise qui distinguent presque toujours les hommes qui, comme lui, savent honorer la profession des armes; Louis XV lui accordait son amitié et sa confiance; il abandonnait avec ses inférieurs l'étiquette et le ton d'un grand seigneur; le temps qu'il passait à Montmorency était marqué par ses bontés envers les infortunés; il aimait à faire de longues promenades à pied avec Rousseau, et se plaisait à ses conversations.

A l'égard de madame la maréchale de

Luxembourg, voici ce qu'en dit Rousseau :

« A peine l'eus-je vue, que je fus subjugué; je la trouvai charmante, de ce » charme à l'épreuve du temps, le plus » fait pour agir sur mon cœur; je m'at- » tendais à lui trouver un entretien mor- » dant et plein d'épigrammes; ce n'était » point cela, c'était beaucoup mieux. La » conversation de madame de Luxem- » bourg ne pétille pas d'esprit; ce ne » sont point des saillies, et ce n'est même » pas proprement de la finesse; mais » c'est une délicatesse exquise, qui ne » frappe jamais, et qui plaît toujours; ses » flatteries sont d'autant plus enivrantes » qu'elles sont plus simples; on dirait » qu'elles lui échappent sans qu'elle y » pense, et que c'est son cœur qui » s'épanche, uniquement parce qu'il est » trop rempli : je crus m'apercevoir, dès » la première visite, que, malgré mon air » gauche et mes lourdes phrases, je ne » lui déplaisais pas. Toutes les femmes de

» la cour savent vous persuader cela, » mais toutes ne savent pas, comme madame de Luxembourg, vous rendre » cette persuasion si douce qu'on ne » s'avise plus d'en vouloir douter. » (1)

Rousseau coulait des jours doux et tranquilles à Montmorency ; c'était ordinairement vers les bois d'Andilly ou sur les sites les plus montueux des environs qu'il dirigeait ses promenades solitaires ; les spectacles pittoresques et variés que présente cet agréable pays enflammaient son génie et l'élevaient jusqu'à la majesté de la nature et de la Divinité ; le souper préparé par Thérèse l'attendait au retour, et le bon sens ainsi que la gaîté du père Pichaud, maître maçon, venaient souvent animer ce repas ; la fille de cet honnête homme existe encore ; je me suis quelquefois entretenu avec elle de Rousseau : « il était bon, m'a-t-elle dit, envers » tout le monde ; son caractère était médi-

(1) Confessions de Rousseau.

» tatif sans être triste : le soir des jours d'été,
» lorsque les jeunes filles et les garçons du
» voisinage jouaient à la main-chaude,
» il venait se mêler quelquefois à ce di-
» vertissement ; il se plaisait surtout à les
» faire danser en chantant une ronde. »
Cette vieille fille m'en a répété plusieurs couplets, dont elle se souvient encore ; je vous rapporte ces petits détails pour vous faire connaître que c'est avec injustice que l'on a souvent peint Rousseau comme un homme dont le caractère était toujours sombre, chagrin et mécontent.

Mais cette vie simple qui convenait à son caractère, cette noble et franche amitié dont il recevait des preuves si touchantes de la part du maréchal de Luxembourg, furent bientôt traversées par de nouveaux malheurs : l'Émile venait de paraître ; cet ouvrage fut dénoncé au parlement de Paris par la Sorbonne et l'archevêque Beaumont, et un arrêt ordonna que cette production du génie serait lacérée et brûlée par les mains du

bourreau, comme contenant des principes hérétiques, schismatiques et antireligieux : on fit plus, son auteur fut décrété de prise de corps. Sans doute il existe quelques sophismes dans l'Émile, mais ces erreurs de raisonnement n'ont rien qui puisse justifier ces poursuites rigoureuses. Malgré l'arrêt du parlement, cet écrit produisit une heureuse amélioration dans la morale publique : on sait qu'à cette époque le devoir si doux et si saint pour une mère d'allaiter son enfant, était devenu chez les femmes d'une classe élevée, un mauvais ton, et presque un ridicule. Ce honteux préjugé fut combattu dans cet ouvrage avec le plus admirable talent : Rousseau eut la gloire de changer l'opinion à cet égard, et en reportant ainsi la tendresse des mères vers leurs enfants, il resserra en même temps les liens, alors si relâchés, de l'union conjugale : les femmes de qualité s'honorèrent du titre d'épouse, et les maris de bonne compagnie virent moins dans la compagne de leurs jours une sorte de meuble de parade qu'ils plaçaient dans leur maison, sans rien retrancher de leur conduite déréglée.

M. de Luxembourg et le prince de Conti, instruits du danger que courait Rousseau dans son domicile, vinrent le chercher et le firent venir au château de Montmorency. M. le maréchal, pour lui éviter les poursuites dont il était menacé, le détermina à quitter la France, et lui en facilita les moyens. Cette séparation fut cruelle pour tous deux ; l'un et l'autre étaient faits pour s'aimer et s'estimer. Retiré dans l'entresol du château, Rousseau y reçut les adieux et les regrets des personnes du plus haut rang qui composaient la société intime de la maison Luxembourg, particulièrement de madame de Boufflers, de madame de Mirepoix, de madame la duchesse de Montmorency, du prince de Conti et du prince de Tingry. Madame la maréchale de Luxembourg manifesta surtout une extrême tristesse ; à l'égard de M. le maréchal de Luxembourg, « il n'ouvrit pas la

» bouche, dit Rousseau ; il était pâle comme
» un mort ; il voulut absolument m'accom-
» pagner jusqu'à ma chaise qui m'attendait
» à l'abreuvoir. Nous traversâmes tout le
» jardin sans dire un seul mot ; j'avais une
» clé du parc, dont je me servis pour ou-
» vrir la porte ; après quoi, au lieu de re-
» mettre la clé dans ma poche, je la lui
» rendis sans mot dire ; il la prit avec une
» vivacité surprenante, à laquelle je n'ai
» pu m'empêcher de penser souvent de-
» puis ce temps-là. Je n'ai guère eu dans
» ma vie d'instant plus amer que celui
» de cette séparation. L'embrassement fut
» long et muet ; nous sentîmes l'un et
» l'autre que cet embrassement était un
» dernier adieu (1).

Je ne puis me défendre d'un sentiment de tristesse en pensant à cet arrêt qui força ce grand homme à s'exiler de la France. Je revois ces lieux, ce parc et cette porte près

---

(1) Confessions de Rousseau.

de l'abreuvoir, par où sortit Rousseau, accompagné de l'excellent maréchal.

Adieu; donnez quelquefois un souvenir à celui qui vous envoie cette lettre : elle vous arrivera, avec la précédente, par un messager de Montmorency :

En écrivant sur son adresse :
A l'art de plaire, à la beauté,
Qui joint à la délicatesse
La douceur et l'urbanité,
Et la grâce et la modestie,
On ne peut la remettre à d'autre que Jennie.

LETTRE SIXIÈME.

Montmorency, le etc.

Après vous avoir entretenue de l'illustre écrivain qui habita l'Hermitage, je vais vous parler du plus célèbre de nos compositeurs dans un art où l'on aime tant à vous entendre. Vous comprenez déjà qu'il s'agit de Gretry, qui succéda à Rousseau dans cet heureux séjour (1).

En nous charmant par les accords de l'harmonie, Gretry traça à l'imagination les plus agréables tableaux; il sut réunir le génie du peintre et celui du poète dans ses compositions délicieuses.

Il naquit à Liège le 11 février 1741; il

(1) Gretry avait acquis l'Hermitage de M. de Belzunce, qui avait épousé la fille de M. d'Epinay.

fut confié, dès le plus jeune âge, à un maître de la collégiale de Saint-Denis, pour y être enfant de chœur; mais il fut renvoyé peu de temps après à ses parents, parce qu'on ne lui trouvait point de dispositions pour la musique. Il paraît en effet que son goût ne se développa qu'après avoir entendu des chanteurs italiens, qui étaient venus s'établir à Liège. Il fut frappé de la beauté des opéras de Pergolèze et de Buranello, et Gretry ne respira plus que pour l'art où il devait exceller. C'est ainsi que notre divin La Fontaine devint poète, en entendant une ode de Malherbes.

Le goût de la musique était devenu une passion irrésistible pour le jeune Gretry. Epris du chant italien, ce fut dans la capitale de l'italie qu'il voulut acquérir la perfection de son art.

Un jour, étant allé le voir à l'Hermitage, je m'entretins avec lui de ce voyage qu'il fit en Italie : il se ressouvenait avec ravissement de son séjour dans cette patrie des grands hommes, des beaux arts et de la

belle nature. M. D***, de Montmorency, homme un peu trop flatteur, même envers Gretry qui ne haïssait pas la louange, était présent : « Je me rappèlerai toujours, me
» disait ce compositeur, le bonheur que
» j'éprouvai lorsque j'entendis chanter
» pour la première fois sous le beau ciel
» de l'Italie; et cette voix qui me charma,
» qui me parut si parfaite, je la trouvai
» dans une simple villageoise. »

Par suite de cet entretien, il parla des compositeurs italiens, et il nomma avec les plus grands éloges Piccini et Casali : ce dernier avait été son maître.

Gretry n'aimait point les roulades et les difficultés en musique; il pensait avec raison qu'elles nuisent à l'expression : ainsi que tous les beaux arts, la musique n'est que l'imitation de la nature, qui n'admet pas ces tours de force.

Le charme particulier des compositions musicales de Gretry vient surtout de ce qu'il a toujours saisi avec goût cette imitaton : c'est la musique de l'âme enfantée par le génie.

Gretry était né avec une ardente imagination et beaucoup de sensibilité, présent souvent funeste à notre bonheur, mais inséparable du génie et des talents. Sa figure, qui offrait de la régularité dans les traits, annonçait une âme profondément sensible, et un caractère mélancolique. Gretry dût par conséquent sentir plus qu'un autre le désir de plaire à un sexe digne de nos hommages; mais l'on a parlé avec exagération de ses nombreux succès auprès des dames.

Le premier essai de Gretry dans la musique dramatique, fut la composition des *Vendangeuses* : il était alors en Italie. Cet opéra eut un succès prodigieux; le public fit répéter plusieurs morceaux, quoique cela ne soit pas d'usage dans ce pays, à moins que le gouverneur ne l'autorise, en laissant descendre un mouchoir blanc sur le bord de sa loge.

Après quelques autres essais, Gretry voulut venir à Paris. Ce fut pour voir Voltaire, qui était alors à Ferney, qu'il fit un voyage à Genève : il désirait être protégé et recommandé par ce brillant génie qui exerçait une si grande influence sur l'esprit de son siècle. Voltaire était vieux et malade ; il approchait du terme de son illustre carrière. Madame Cramer était près de lui ; elle lui prodiguait ces soins touchants de l'amitié, et embellissait les derniers jours de sa vie. Gretry fut accueilli de la manière la plus aimable par le patriarche de Ferney. On connaît ce mot spirituel et malin qu'il lui adressa : *Vous êtes musicien*, lui dit-il, *et vous avez de l'esprit ; cela est trop rare pour que je ne prenne pas à vous le plus vif intérêt.*

Grétry aimait à parler de sa visite chez Voltaire, et citait volontiers cette obligeante épigramme. L'auteur de la Henriade, quoique arrivé à l'âge de la caducité, était toujours amoureux de la gloire;

il soupirait encore d'attendrissement en pensant à cette capitale de la France, qui avait été le théâtre de ses nombreux succès « : J'espère encore vous voir à Paris, » dit-il à Grétry qui venait lui faire ses » adieux ; c'est là que l'on vole à l'immor- » talité. » Il y vint en effet peu de temps après, et l'on vit sur la scène française la dernière production, encore brillante, d'un génie de plus de quatre-vingts ans.

Lorsque Gretry arriva à Paris, Philidor, Duni et Monsigny étaient en grande réputation : ses premiers essais n'y furent pas couronnés du succès ; il composa pour son début *les Mariages Samnites*. Cette pièce, quoique protégée par le prince de Conti, fut mal accueillie de la cour et du public. Gretry fut désolé, et les demi-talents, qui sont toujours envieux, se réjouirent de cette chute d'un jeune compositeur qui n'en donnait pas moins de grandes espérances : les épigrammes et les lettres anonymes pleuvaient chez

Gretry ; on l'invitait d'aller faire entendre dans son pays sa musique, que l'on appelait *baroque :* par bonheur Marmontel vint le voir et le consoler ; il lui promit un poème : « Ah ! vous me rendez la vie, » lui dit Grétry, car j'aime ce charmant » pays où l'on me traite si mal. »

Peu de temps après Marmontel composa le *Huron* ou *l'Ingénu*, dont Gretry fit la musique. Cette pièce fut jouée le 20 août 1769 ; elle reçut un succès encourageant, et dès-lors ce compositeur marcha triomphant dans sa carrière. Il fit ensuite la musique de Lucile, dont le morceau, *où peut-on être mieux qu'au sein de sa famille*, est d'une sensibilité si touchante (1) ; du *Sylvain*, qui offre

(1) Gretry, dans ses mémoires sur la musique, cite cette anecdote au sujet de ce morceau : « Un jeune homme » étant à la première représentation de cette pièce, vit, » pendant le quatuor, le duc d'Orléans essuyer ses yeux » humides de larmes. Il se présente le lendemain chez le

une expression si noble et si tendre; de *Zémir et Azor*, qui mérita d'être traduit dans presque toutes les langues; du *Magnifique*, qui présente le morceau de chant le plus beau et le plus long qu'il y ait au théâtre; de *la Rosière de Salency*, dont l'innocence et les mœurs pastorales ont

---

» prince: Monseigneur, lui dit-il, en se jetant à ses » pieds, j'ai vu pleurer votre altesse hier au quatuor de » Lucile; j'aime éperdument une demoiselle qui appar- » tient à un gentilhomme de votre maison; il refuse de » nous unir, parce que ma fortune ne répond pas à la » sienne, et j'implore votre protection. »

Le prince se fit rendre compte des motifs de refus du père, et le mariage eut lieu peu de temps après.

Gretry rapporte aussi le fait suivant:

« Je me trouvai, dit-il, chez un homme qui s'était » opposé infructueusement au mariage de son frère; la » jeune épouse, belle comme Vénus, vint à arriver avec » son mari: elle fut reçue froidement; cependant comme » je m'aperçus que les caresses et les manières douces de » la dame jetaient du trouble dans le cœur de son beau- » frère, je les engageai à s'approcher du piano; je chan- » tai le quatuor, et j'eus le plaisir de voir, après quel- » ques mesures, le frère et la sœur s'entrelacer de leurs » bras, en répandant des larmes si douces de la récon- » ciliation. »

tant de charmes; de *Colinette à la cour*, dont la composition est si gracieuse et si naïve; de *Richard-cœur-de-Lion*, dont les beautés musicales sont au-dessus de tout éloge. Enfin vous citerai-je *le Tableau parlant*, *les deux Avares*, *l'Amitié à l'épreuve*, *l'Ami de la maison*, *la fausse Magie*, *Céphale et Procris*, *Matroco*, *le Jugement de Midas*, *l'Amant jaloux*, *les Événements imprévus*, *Andromaque*, *l'Embarras des richesses*, *la Caravanne*, *l'Épreuve villageoise*, *Panurge dans l'île des lanternes*, *le Mariage d'Antonio*, *le Comte d'Albert*, et plusieurs autres opéras qui ont un mérite réel, quoique moins connu ?

Gretry a fait aussi quelques morceaux de musique dans le genre sacré; on a parlé d'un *De profundis* qu'il avait composé en Italie, et qu'il retoucha quelque temps avant sa mort, pour être exécuté à ses funérailles, à l'exemple de Mozart, qui voulut que son fameux *Requiem* servît à sa pompe funèbre : cependant au décès de Gretry on n'a pas retrouvé cette composition, et on a pu douter qu'elle eût jamais existé ; mais plusieurs personnes de sa famille m'ont assuré l'avoir vue peu de temps avant sa mort.

Veut-on connaître, me disait un jour ce compositeur, si une personne a du goût pour la musique, « voyez si elle a de » la sensibilité, si elle aime les fleurs, les » enfants, si le sentiment de l'amour la » domine. »

Il donnait ce précepte aux jeunes auteurs, précepte qui s'applique aussi bien à la littérature qu'à la musique : « Voulez-» vous composer, disait-il, sentez-vous » votre imagination s'enflammer, gardez-» vous de la réfroidir par des réflexions » précoces ; on ne dirige point un torrent » rapide ; laissez-le couler avec les matières » brutes qu'il entraîne ; revenez ensuite » sur vos pas, et que le goût et le discer-» nement réparent froidement les écarts » de votre imagination trop exaltée. »

Dans ma lettre suivante, il me restera

à vous entretenir de Gretry relativement à ses écrits, à ses qualités domestiques et aux derniers instants de sa vie : je me suis borné ici à le considérer par rapport à un art dans lequel il a acquis une juste célébrité.

Il est un art qui vous est familier,
Art difficile et souvent nécessaire,
Que vous pourriez nous enseigner :
On voit bien que c'est l'art de plaire;
Mais un art qu'on voudrait pouvoir vous inspirer
Est l'art heureux qu'Ovide appèle l'art d'aimer.

LETTRE SEPTIÈME.

Montmorency, le etc.

Les ouvrages que Gretry a écrits sur la musique prouvent jusqu'à quel point il avait fait une étude approfondie de son art. L'histoire lui était surtout familière; elle lui servait à retracer avec vérité les mœurs, les temps et les lieux dans ses compositions, et ce fut dans la connaissance qu'il avait acquise du cœur humain qu'il puisa souvent cette expression si juste qu'il sut donner aux divers caractères.

Gretry ne fut pas seulement un habile compositeur, il fut aussi homme de lettres; mais il n'appartient pas aux mortels d'exceller dans tous les genres, et il l'a prouvé en suivant cette double carrière. J'ai remarqué dans quelques conversations que j'ai eues avec Gretry, que c'était particulièrement sur sa qualité d'écrivain qu'il était sensible à la flatterie : on en conçoit la raison ; c'est qu'il était persuadé de ses talents en musique, et qu'il n'était pas aussi certain d'exceller comme homme de lettres : c'est ainsi que Richelieu recevait avec un vif plaisir les éloges qu'on lui prodiguait comme poète ; mais l'encens qu'on lui donnait comme homme d'état et grand politique, n'était pas ce qui le flattait le plus.

Le style de Gretry n'est pas toujours pur, correct, élégant ; il est inégal ; mais il a souvent de la grâce ; ses écrits se composent de *Mémoires* ou *Essais sur la musique* (3 volumes in-8°), d'un ouvrage intitulé *De la Vérité* (3 volumes in-8°), et d'un manuscrit inédit ayant pour titre *Réflexions d'un solitaire*.

Le premier volume de ses mémoires contient des anecdotes sur sa vie ; les deux autres traitent de son art : son ouvrage de *la Vérité* contient des discussions de morale et de politique, et on y ressent trop quelquefois l'influence du gouvernement sous lequel il a été écrit ; ses dernières œuvres manuscrites ont pour objet des matières philosophiques et abstraites vers lesquelles l'esprit de Grétry avait une certaine propension dans la conversation.

Ce compositeur avait les mœurs les plus douces ; il aima son épouse, il chérit ses enfants, il fut constant et sincère en amitié ; la perte de ses trois filles lui causa les plus cuisants regrets ; ce fut alors qu'il reporta sur ses neveux et nièces cette tendresse paternelle qui était si profondément gravée dans son cœur ; il soigna leur éducation, et l'une d'entre elles a surtout prouvé que le talent musical semblait héréditaire dans la famille Gretry ; il les appelait ses enfants.

Gretry, considéré comme le prince de la musique française, reçut à Paris toutes les marques de considération et d'honneur qui peuvent flatter l'amour-propre des hommes.

Son habitation de l'Hermitage faisait ses délices; il y reçut à différentes époques la visite des personnages les plus illustres. Gretry, souvent valétudinaire dans ses derniers ans, et arrivé à cet âge où les illusions de la vie se dissipent comme un songe, recherchait surtout cette douce solitude, et y demeurait les trois quarts de l'année; se sentant plus malade à Paris, il se fit transporter à l'Hermitage; il y attendit la mort qu'il vit arriver sans effroi.

Deux jours avant de mourir, il écrivit la lettre suivante à l'un de ses collègues de l'Institut :

« Il m'est impossible de me rendre à
» l'Institut pour le jugement des prix de
» musique. En arrivant à l'Hermitage en-
» core convalescent, une hémorragie qui
» a duré trois jours, et pendant laquelle
» j'ai rendu huit palettes de sang, m'a jeté
» dans une faiblesse extrême; à présent,

» enflé jusqu'au diaphragme, j'attends le
» résultat de mes longues souffrances. Je
» suis résigné ; mais je sens qu'en quittant
» cette vie, un de mes plus vifs regrets
» sera de ne plus me réunir avec mes
» chers confrères, que j'aime autant que
» je les honore. Faites-leur, je vous prie,
» part de ma lettre. Adieu, mon cher con-
» frère, je vous embrasse de tout mon
» cœur.

» GRETRY. »

Les derniers honneurs rendus à Gretry, lors de sa mort, furent dignes de la pompe funèbre de Raphael en Italie, et de Garrick en Angleterre (1).

Une députation de l'institut fut envoyée à l'Hermitage, pour y recevoir et accompagner le corps de cet homme célèbre;

(1) Cet illustre peintre et ce fameux acteur furent inhumés avec une pompe magnifique. Ce dernier fut enterré à Wesminster, auprès de Shakespear, avec les princes et les héros; des pairs du parlement portaient les coins du drap mortuaire. Garrick laissa une fortune de 3,600,000 fr.

tout ce que Paris a de gens de lettres distingués, d'artistes et de savants dans tous les genres, assistèrent à son convoi.

Ce cortège était précédé par les musiciens attachés aux grands théâtres de la capitale, qui exécutaient une marche funèbre ; les acteurs de Feydeau, en habit de deuil, suivaient le convoi. Il s'arrêta devant ce théâtre : Gavaudan s'avança aussitôt, en tenant une couronne d'immortelles ; il la déposa sur le cercueil, et dit : « Permettez, messieurs, que nous suspen-
» dions un instant cette marche funèbre,
» et que des enfants éplorés rendent un
» dernier hommage à leur père sur le seuil
» même du théâtre qui retentit si long-
» temps du bruit de ses triomphes. Per-
» mettez que nous déposions sur son cer-
» cueil une des nombreuses couronnes
» que le public lui a décernées. »

Un orchestre caché près le péristyle, fit alors entendre ce morceau si expressif de Zémire et Azor : *Ah ! laissez-la moi pleurer !* Cette musique, précédée des paroles touchantes de Gavaudan, produisit la plus vive impression.

La messe et les cérémonies religieuses eurent lieu à Saint-Roch. La vaste enceinte de cette église pouvait à peine contenir toutes les personnes qui étaient venues dès le matin pour assister à ce service.

Un *Dies iræ* de Mozart fut chanté par tous les artistes de l'Opéra et du Conservatoire; ensuite le corps fut porté au cimetière du père La Chaise, et déposé près de l'illustre abbé de Lille, où la famille Gretry lui a fait élever un monument.

Le lendemain de cette pompe funèbre, on donna, en l'honneur de Gretry, *Zémire et Azor*, et *l'Amant jaloux*. Jamais affluence n'avait été si grande à Feydeau : c'était un dernier hommage que les amis des arts s'empressèrent de rendre à la mémoire de ce compositeur.

En vous décrivant ces honneurs funèbres, j'ai pu vous retracer des détails qui vous sont connus; mais tout intéresse dans la fin des hommes célèbres : leur vie, leur mort, et même la pompe lugubre qui l'accompagne, appartiènent à la postérité. En vous adressant cette notice historique, je me suis borné à des faits dont j'avais directement connaissance, sans glaner dans le champ d'autrui; je vous ai présenté quelques réflexions particulières dictées par la vérité, et non par la flatterie, si ordinaire aux vivants pour louer les morts, et j'ai cru rendre ainsi un hommage plus pur à l'homme estimable que la tombe a englouti.

Adieu, Jennie. Je vous écris cette lettre près de l'endroit où fut ce simple Chalet que Gretry avait fait bâtir dans le voisinage de son habitation, pour consacrer dans ce séjour la mémoire de Rousseau; mais au lieu de cette chaumière qui rappelait le Chalet de la Nouvelle Héloïse, j'y vois maintenant une élégante demeure de petite maîtresse. Pourquoi a-t-on détruit cet asile romantique? on n'y goûte plus autant le charme des bois qui l'entouraient, et qui inspiraient la rêverie.

Oui, j'aime cette paix, ce silence des bois,
Que chérissent l'amant, le poète et le sage;
Virgile y composa son immortel ouvrage (1),
Egérie et Numa cherchèrent leur ombrage,
Et cet enfant, dont vous dictez les lois,
Des mortels y reçoit le plus aimable hommage;
La divine Cypris,
Près du tendre Adonis,
Oublia dans les bois et l'Olympe et Cythère.
Voyez aussi les princes et les rois,
Fuyant l'éclat des cours, vanité passagère,
Ils recherchent souvent le doux calme des bois.

---

(1) Les Géorgiques de Virgile furent composées dans la solitude des bois, et l'Enéïde y fut souvent inspirée.

Chénier a dit, dans son Epître à Voltaire:

C'est au sein des forêts que Virgile en repos
Se retrouvait poète et chantait les héros.

LETTRE HUITIÈME.

Montmorency, le etc.

J'ai vu une dame âgée de quatre-vingts ans, charmante par sa conversation, par la justesse et la grâce de ses pensées, par l'esprit et l'à-propos de ses réparties, par ses manières aimables et polies, par sa bonté sans affectation, par une imagination presque aussi brillante et un cœur presque aussi aimant qu'au printemps de la vie; j'ai vu madame la comtesse d'Houdetot, célèbre par les Confessions de Rousseau, si elle ne l'était déjà par les qualités qui la distinguent.

J'avais écrit à cette dame, pour lui demander la permission de lui présenter mes hommages; j'en reçus la réponse la plus obligeante, et le lendemain je suis allé lui faire ma cour.

Lorsqu'on m'annonça, elle se promenait dans son parc avec une assez nombreuse compagnie. Je fus charmé de sa gracieuse urbanité ; je lui trouvai cette affabilité simple et naturelle, qui donne tout d'un coup de l'assurance et un certain à-plomb qui manquent souvent dans une première visite.

Elle eut l'extrême attention de quitter un instant les personnes avec qui elle était, pour me faire voir un verger qui est au bout de son parc, et qui offre de fort beaux points de vue. En revenant, je remarquai dans un bosquet les bustes de Rousseau et de Saint-Lambert : « Ce sont des amis, me » dit-elle, dont je conserve le souvenir. » Je voulais profiter de cette circonstance pour la mettre dans le cas de parler de cet écrivain auquel elle inspira l'amour le plus passionné. « Quel génie, lui dis-je, madame, » que l'auteur de l'Emile et de la Nouvelle » Héloïse ! — Son talent, répondit madame

» d'Houdetot, était dans son cœur; voilà » d'où naissent le charme et le secret » de son style......... Sa sensibilité, » ajouta-t-elle après un certain temps de » silence, fit souvent son malheur. » La compagnie nous rejoignit alors, et l'on parla d'autre chose. On craignait que la promenade n'eût fatigué madame d'Houdetot, et on l'invita à s'asseoir sur un banc qui se trouvait au bout d'une allée. Elle avait un petit chien qui se coucha à ses pieds : « Pauvre animal, dit-elle en le caressant, » tu as comme moi une maladie dont on » ne guérit pas, c'est la vieillesse. » Quelqu'un s'empressa de lui dire qu'elle n'avait pas à se plaindre des années ; et c'était un hommage vrai qu'on lui rendait, car, à quelques rides près qui se remarquaient sur sa figure, rien en elle n'annonçait son âge. C'est avec raison que milady Morgan qui a parlé, dans un de ses ouvrages (1),

---

(1) Cet ouvrage a pour titre, *De la France ;* lady Morgan y parle avec une juste admiration de madame

de cette femme si remarquable par son esprit, a dit « que les jeunes gens ou» bliaient qu'elle était vieille, en l'entendant » parler. » On retrouvait en effet dans madame d'Houdetot, à quatre-vingts ans, tout ce qui avait charmé Rousseau et Saint-Lambert, lorsqu'elle n'en avait que vingt-cinq.

Parmi les personnes de cette société, je remarquai M. de S... pour lequel elle montrait beaucoup d'égards et d'affection ; il l'appelait *bonne maman* et avait aussi pour elle les attentions les plus délicates : il avait acheté la terre seigneuriale d'Epinay, qu'il avait jointe aux propriétés considérables qui avoisinent son château ; on sait que cette terre nommée la Chevrette, appartenait à la belle-sœur de madame d'Houdetot. De-là étaient venus ses premiers

d'Houdetot ; mais elle n'est pas toujours exacte dans les détails historiques, et particulièrement dans ce qu'elle dit par rapport à Rousseau : elle fait à l'auteur d'Emile plusieurs inculpations odieuses, sans aucune preuve.

rapports avec cette dame. La politesse exquise qui distingue M. de S...., son goût, ses connaissances pour les beaux arts, sa grande fortune qui le met dans le cas de protéger et d'encourager les artistes, son imagination brillante qui distingue assez souvent les personnes du pays où il est né, tout cela était plus que suffisant pour attirer la considération particulière et affectueuse d'une femme telle que madame d'Houdetot.

On a souvent parlé dans le monde de cet attachement qui ressemblait assez à l'amour; ayant eu l'avantage de me trouver quelquefois avec M. de S.... Je lui demandai un jour quel était le caractère de ce sentiment: « C'est, me dit-il, l'affection » d'un fils pour une mère, et d'une mère » pour son enfant. »

Je remarquai aussi parmi les personnes de cette société, M. le baron L***. Je l'avais vu dans quelques cercles à Paris, où on le distinguait par son esprit et par ses manières aimables ; il avait beaucoup vécu dans la société des gens de lettres et avait connu plusieurs personnes qui avaient fréquenté la Chevrette ; il savait des détails assez piquants sur les personnages de cette société, notamment sur madame d'Epinay, dont il m'a souvent entretenu depuis ; je dois à M. le baron L*** plusieurs des faits et des anecdotes rapportés dans quelques-unes de ces lettres : il avait pour madame d'Houdetot le plus profond sentiment de vénération ; il parlait avec une sorte d'enthousiasme des qualités de son esprit et de son cœur : « Elle est, me disait-il dans » un entretien que j'eus avec lui sur ce » sujet, beaucoup plus extraordinaire que » Ninon ; la beauté était le plus grand at- » trait dans celle-ci, tandis que madame » d'Houdetot n'a jamais charmé par sa » figure, qui n'était pas jolie, mais par » les grâces particulières de son esprit ; » c'est la réunion des beautés morales, » sans avoir rien des beautés physiques ».

Madame d'Houdetot, née Sophie Lalive de Bellegarde, fille d'un riche fermier-général, fut mariée très-jeune au comte d'Houdetot, d'un commerce peu agréable, joueur, chicaneur et grondeur; du reste brave militaire et d'une naissance distinguée: elle l'épousa sans l'aimer et même sans le connaître; on sacrifia à des convenances de famille le cœur de la tendre Sophie.

Elle aima peu de temps après son mariage le marquis de Saint-Lambert, homme d'un esprit vif, brillant et chevaleresque; poète aimable, chéri des muses et de Bellone: on sait qu'il se distingua dans cette double carrière.

Si quelque considération pouvait excuser en morale cette infraction de la foi conjugale, c'est dans le caractère d'un mari qui n'était pas du choix de madame d'Houdetot; dans l'estime réciproque des deux amants, dans une liaison qui dura cinquante ans, et que le temps semblait avoir épurée.

Saint Lambert chanta dans son poème des Saisons l'objet de ses amours sous le nom de Cloris : madame d'Houdetot conserva pour lui jusqu'à sa mort le plus tendre sentiment ; devenu vieux, infirme, et dans un état de démence pendant les dernières années de sa vie, elle voulut qu'il fût traité chez elle pour lui prodiguer tous ses soins : elle supportait avec une douceur angélique ses caprices, ses emportements et son extrême exigence, suite de son état de maladie ; il entrait dans une sorte de fureur lorsque, par le soin qu'elle prenait de sa mauvaise santé, elle l'invitait à la tempérance sur certains mets qui lui étaient contraires; il l'appelait alors *l'intendante de ses privations.*

Madame d'Houdetot faisait de très-jolis vers, mais elle avait la modestie de vouloir qu'ils ne fussent vus que de la personne à laquelle elle les adressait ; ce n'était que par ruse, et toujours à son insu, qu'on lui dérobait quelques-unes de ses productions ; on peut juger de son talent pour la poésie par les morceaux suivants :

Sur le départ de Saint-Lambert pour l'armée.

« L'amant que j'adore,
» Prêt à me quitter,
» D'un instant encore
» Voudrait profiter :
» Félicité vaine
» Qu'on ne peut saisir,
» Trop près de la peine
» Pour être un plaisir. »

Pour le portrait de madame de la Vallière.

« La nature, prudente et sage,
» Force le temps à respecter
» Le charme de ce beau visage,
» Qu'elle n'aurait pu répéter. »

Ces vers furent composés dans la jeunesse de madame d'Houdetot, mais en voici qu'elle fit la dernière année de sa vie :

« Jeune j'aimai ; ce temps de mon bel bel âge,
» Ce temps si court, comme un éclair s'enfuit.
» Lorsqu'arriva la saison d'être sage,
» Encor j'aimai ; la raison me le dit :

» Me voici vieille, et le plaisir s'envole;
» Mais le plaisir ne me quitte aujourd'hui,
» Car j'aime encor, et l'amour me console;
» Rien n'aurait pu me consoler que lui. »

On voit que dans ces vers elle fait allusion à sa tendresse pour M. S...... Dans une autre femme, cette exaltation à un âge si avancé, eût pu paraître ridicule; chez madame d'Houdetot ce n'était que la conséquence d'une imagination toujours fraîche et brillante, et le besoin de reporter sur quelqu'un qui lui en parût digne les affections de son cœur.

Voici des vers qe'elle composa encore dans ses dernières années, et qu'elle fit mettre au bas de son portrait en l'envoyant à M. de S.... :

» Pour l'amitié le ciel m'avait formée,
» Et de ma vie elle a rempli le cours;
» Les muses et les arts embellirent mes jours :
» Mon destin fut d'aimer, mon bonheur d'être aimée. »

On lit ces autres vers derrière ce portrait :

« De ma tendre amitié ce portrait est le gage,
« D'une mère et d'un fils il atteste l'amour;

» Conservez jusqu'au dernier jour
» Et cet amour et cette image. »

Fort peu de temps avant sa mort, elle adressa à M. de S.... les vers suivants, sous le titre de *Mes adieux :*

« Je touche aux bornes de ma vie,
» Vous avez embelli les derniers de mes jours;
» Qu'un si cher souvenir se conserve toujours :
» Vivez heureux pour votre amie.

» Si quelque sentiment occupe encor votre âme,
» Ne vous refusez pas un bien si précieux,
» Seulement en goûtant ce charme
» Dites-vous quelquefois : elle m'aimait bien mieux ».

Madame d'Houdetot sentant venir sa dernière heure, voulut expirer dans les bras de celui qui lui était si cher ; la veille de sa mort elle dîna tranquillement avec lui, et fit une partie de piquet comme elle en avait l'habitude ; le lendemain matin, éprouvant une extrême faiblesse, elle envoya chercher M. de S.... Il se rendit aussitôt auprès de madame d'Houdetot; s'étant assis sur son lit, elle lui serra la main avec la plus vive affection : « Mon » ami, lui dit-elle, je vous demande une » dernière faveur; malgré le spectacle » déchirant pour vous de me voir mourir, » promettez-moi de ne pas me quitter, » je veux que vous receviez mon dernier » soupir. « Il le promit, et resta constamment sur son lit en lui tenant les mains : on lui annonça la visite d'un ecclésiastique, elle le reçut en priant M. de S... de ne pas quitter sa chambre : il se retira vers la cheminée pendant cette pieuse et dernière conférence; il reprit ensuite sa place sur son lit, et elle expira dans ses bras; ses petites-filles, nées de M. le général d'Houdetot, son fils, étaient aussi près d'elle, et en mêlant leurs pleurs à ceux de M. de S..., elles sentaient vivement la perte qu'elles venaient de faire.

Elle voulut par son testament que son cœur fût séparé de son corps et porté à

Épinay, près du tombeau où reposait sa famille; sans doute elle avait espéré qu'étant placée dans la chapelle de M. S.... où avaient été inhumés M. et madame de Lalive, ses père et mère, ce cœur serait ainsi plus près de celui qui lui inspira la plus tendre amitié; mais les lois s'opposant à ce qu'aucun corps soit enterré dans les églises, on ne fit point l'exception que l'on attendait; son cœur fut porté dans le cimetière d'Épinay sous un monument qui le distingue. On trouve dans la chapelle de M. de S.... cette inscription, qu'il a fait placer sur un marbre noir :

« Extrait des dernières volontés d'Éli-
» sabeth-Sophie d'Houdetot, née de La-
» live de Bellegarde, décédée à Paris, le
» 28 janvier 1813.

» *J'ordonne que mon cœur soit mis à*
» *part et porté dans le tombeau ou près le*
» *tombeau de mon père et de ma mère à*
» *Épinay* ».

A côté de cette inscription est une pierre sépulcrale sur laquelle on lit ces mots :

Cy gissent Louis-Denis Lalive de Bellegarde et son épouse Marie-Joséphine Prouveur, anciens seigneurs de ce lieu. Parfaitement unis pendant leur vie, ils ont voulu être réunis à leur mort. Cette pierre détruite pendant les troubles de 1793, a été restaurée par le respect et la piété filiale en l'an 1807.

On remarque aussi dans la même chapelle, cette inscription.

Priez pour l'âme d'Émile de Sommariva, lieutenant au 10e de hussards français, mort à l'âge de 23 ans sur le champ d'honneur, à la bataille d'Albuera près Badajoz, le 16 mai 1811.

Cette pierre attestera pour toujours la profonde douleur de son père qui eut le malheur de lui survivre.

Tels sont les détails remplis d'exactitude que je vous transmets concernant cette femme célèbre, dont tous ceux qui l'ont connue parlent avec une juste admiration.

Adieu, Jennie, je m'aperçois que loin

de vous ma solitude à chaque jour moins de charme ; et si vous ne venez ici, j'irai moi-même déposer à vos pieds ma prose et mes vers.

Expliquez-moi donc, je vous prie,
Pourquoi Montmorency, ce pays si charmant,
Séjour heureux que j'aimais tant,
Fort souvent loin de vous et me trouble et m'ennuie.
Sous l'ombrage des bois, sur ces riants coteaux,
Vainement je vous cherche, et les tendres échos
Répondent à ma voix le nom cher de Jennie.
La nuit je veille et m'occupe de vous,
Le jour mon cœur brûle et soupire :
Quel est ce sentiment pénible, quoique doux ?
Est-ce l'amour qui me l'inspire ?

LETTRE NEUVIÈME.

Montmorency, le etc.

J'AI fait ce matin une promenade charmante ; la verdure des champs était encore humide des pleurs de l'Aurore, et les oiseaux célébraient par leur doux ramage le retour du dieu de la lumière.

Je me suis arrêté à Saint-Brice, qui est à une demi-lieue de l'Hermitage ; c'est là que le grand Bossuet eut une maison de campagne ; elle devint ensuite la propriété de Loyseau de Mauléon, avocat au parlement de Paris, plus connu par ses écrits que par son éloquence au barreau ; honneur à sa mémoire, il défendit avec courage la famille des Calas, et il n'employa son noble ministère qu'en faveur de la justice et de l'innocence.

On remarque ici le beau château de Saint-Brice. Cette habitation est digne d'être celle d'un prince, et elle appartient maintenant à M. Bernard, entrepreneur des jeux. Le parc qui dépend de ce château est d'une vaste étendue ; il offre de longues allées ombragées, et des massifs de verdure ; le parfum des arbres odoriférants que l'on y rencontre, ajoute au charme de cet endroit.

Je suis allé ensuite à Blemure qui est à peu de distance de Saint-Brice ; j'y ai visité la manufacture de coton qui appartient à M. Coulon ; de nombreux ouvriers y sont employés, et les habitants du pays bénissent le chef de cet établissement qui sait employer les bras du pauvre au profit de l'industrie française. Les manufacturiers sont des hommes précieux à la société ; le gouvernement ne s'occupe pas assez de les encourager. M. Coulon me fit voir les divers ateliers et m'en expliqua le mécanisme avec la plus obligeante politesse.

J'ai aussi parcouru les environs de Piscot ; ce village touche à Blemure et offre d'agréables points de vue; de-là je dirigeai ma promenade vers le château de la Chasse, autrement nommé *Bel-Air*, à cause de sa situation très-élevée : c'était un rendez-vous de chasse pour le prince de Condé, auquel appartenait la forêt qui l'avoisine ; cet endroit présente à l'œil des paysages charmants; il est très-fréquenté par les personnes qui viènent à Montmorency ; on trouve pour y arriver les plus jolies promenades et des sites délicieux.

En descendant du château de la Chasse je suis venu à Andilly.

C'est un petit hameau qu'embellit la nature;
Des plaines, des coteaux, des bois délicieux;
Des eaux, des prés couverts d'une aimable verdure,
Y charment à la fois et le cœur et les yeux.

Andilly me rappèle le fameux Arnauld qui en fut seigneur, trop célèbre dans le Jansénisme par ses disputes et par ses disgrâces, que son neveu le marquis de Pomponne, ministre d'État, ne put empêcher. Il fut un des écrivains les plus distingués du Port-Royal.

On remarque à Andilly plusieurs jolies habitations, entr'autres celle de M. Braccini. La maison est bâtie avec élégance, et le parc distribué avec goût; on aperçoit au bout de cette maison sur un massif de rocher une Ariane venant d'expirer dans l'île de Naxos.

Le parc qui s'élève comme un amphitéâtre, présente le coup-d'œil le plus agréablement varié : sur le haut est un hermitage ou petit temple, d'où l'on domine sur toute la campagne; c'est un chef-d'œuvre de goût dans le genre rustique; du bois brut de peuplier forme les colonnades de l'entrée; on voit au-dessus de la porte, une petite statue de Pâris, tenant la pomme destinée à la plus belle.

L'intérieur est garni en paille et entouré de siéges en nattes; le pavé est fait de rocailles imitant un peu la mosaïque; des croisées en verres de couleur se réfléchissent sur le pavé et produisent dans ce joli pavillon un effet très-agréable : le toit est couvert en chaume.

Au devant de cet hermitage est une terrasse avec des morceaux de rochers, et des plantes sauvages garnissent les alentours. Ici la vue se promène au loin sur les sites les plus beaux d'Andilly, de Saint-Gratien et de la vallée de Montmorency : Une chaîne de coteaux termine dans le lointain ce charmant tableau.

Après avoir remercié M. Braccini du plaisir qu'il m'avait procuré, je ne voulus pas quitter Andilly sans aller faire ma visite à l'auteur du voyage d'Antenor, qui y avait une habitation (1). Je le trouvai dans son jardin assis sur un gazon à l'ombre d'un acacia ; un volume des œuvres de Gessner était près de lui ; cet ouvrage

(1) On sait que cet ouvrage est de M. Lantier ; on connaît aussi sa *Correspondance de Suzette d'Arly* ; c'est un roman charmant, dont la scène se passe dans la vallée de Montmorency.

Cet auteur occupait alors la maison de M. de Saint-Marcel, à Andilly.

nous donna lieu de parler du bonheur de la vie champêtre, que ce poète a peint avec tant de charme : « C'est ici, me dit » l'auteur d'Antenor, que je jouis du re- » pos, mais il faut savoir vivre avec soi- » même pour aimer la campagne; au sein » d'une douce solitude, l'âme respire, se » repose, et jouit du sentiment intime de » son existence; elle dépose pour ainsi » dire les soins étrangers et les vaines illu- » sions comme l'eau dépose au fond d'un » vase le sédiment qui la troublait; à la » ville on cherche la fortune, on court » après le plaisir, et on ne le trouve que » sur un arbre épineux. Ne croyez pas, » ajouta-t-il, que je vous conseille de » vivre comme un mysanthrope et de fuir » le monde; non, il est bon d'y aller » quelquefois comme l'on prend de temps » en temps des breuvages amers pour se » fortifier et aiguiser l'appétit; le monde » est essentiel à un jeune homme; c'est » un livre qu'il doit lire, et qui lui fournira » d'utiles instructions; mais heureux sur-

» tout s'il aime l'étude, car elle orne l'es-
» prit de vérités, elle élève l'âme, elle ap-
» prend à connaître les hommes, elle nous
» rend plus humains et plus généreux.
» Celui qui se retire solitairement dans le
» sanctuaire des muses, et qui les cultive
» avec délices, n'aura point de ces passions
» violentes qui portent le trouble et le ra-
» vage dans le champ de la vie. La poésie
» est la musique de l'âme, il lui faut de
» l'harmonie ».

Je ne sais, lui dis-je, si le goût pour les vers exclut toujours les passions vives et fortes ; il est certain que ce goût n'appartient qu'aux imaginations ardentes, qui sont par conséquent plus susceptibles de passions; on dit même que les poètes sont plus sensibles que les autres hommes au charme de l'amour, et que la solitude de la campagne augmente ce sentiment.

« Il est vrai, me répondit l'auteur du
» voyage d'Antenor, que le goût qu'on
» a pour la poésie ainsi que pour tous les
» beaux arts naît d'une ardente imagina-

» tion, mais ce goût est inséparable de » beaucoup de sensibilité qui ne peut ap» partenir à une âme méchante. Je crois » que c'est avec raison que l'abbé de Lille » a dit :

» Qui sait aimer les champs, sait aimer la vertu.

» Mais je pense comme vous, dit-il en» suite; je crois aussi que le sentiment de » l'amour augmente à la campagne, car ce » dieu est enfant de la nature, il aime un » frais gazon, l'ombre des bois et la mé» lodie des oiseaux ».

Je me rendis à l'argument du philosophe, et je finis par croire que le goût pour la solitude excluait toute passion violente. Je retrouvais dans sa conversation plusieurs maximes de son voyage d'Antenor : voilà, lui dis-je alors, une pensée de votre charmante Lasthénie (1). Je n'aime pas les fem-

(1) Lasthénie vint à Athènes à l'âge de vingt ans, pour y fréquenter les écoles de philosophie. On parlait de sa beauté, et on admirait son esprit. Elle fut liée par la plus tendre amitié avec Aristippe; mais elle ne voulut

mes philosophes, mais je trouve adorable cette amie d'Aristippe ; on ne peut avoir plus d'esprit, de grâce et de sentiment.

Sans un peu d'enthousiasme et d'ivresse, disait Lasthénie, *l'amour n'est qu'un sentiment commun et méprisable.*

Dans les livres elle voulait plus d'intérêt que d'esprit. Un jour elle en jeta un avec colère en disant, *ce n'est que de l'esprit.*

Elle répétait souvent cette maxime de Zénon : *Que le silence est l'ornement des femmes, et que la nature nous a donné deux oreilles et une seule bouche, pour nous apprendre qu'il faut plus écouter que parler.*

---

jamais être que son amie : elle pensait qu'il avait une âme trop froide pour sentir l'amour.

» Il y a trois choses, disait-elle, que les femmes d'A-
» thènes jettent par la fenêtre : le temps, leur santé et
» leur argent ; pour moi je suis très-économe de ces trois
» choses. En fait de temps, je me conduis comme ces
» hommes qui n'ont qu'une fortune médiocre, et qui,
» par le moyen de leur économie intérieure, paraissent
» au niveau des gens opulents. »

Aimer un sot, disait-elle, *c'est s'identifier avec lui, c'est afficher qu'on a des sens et non une âme ; c'est dépouiller Vénus de sa ceinture.*

Elle disait un jour à Aristippe : *Mon cher Aristippe, vous n'avez pas don d'aimer, vous n'éprouverez ce sentiment que par système et par convenance.*—« Ce » dieu n'est qu'un enfant, répondit le » philosophe, il faut jouer avec lui et non » le traiter gravement ». Il disait de la belle Laïs (1), « je la possède, sans qu'elle » me possède ».

« Vous rappelez-vous, me dit alors » M. Lantier, l'aventure de cette célèbre » courtisane avec Xénocrate » ? Je l'avais lue dans son voyage, mais je feignis de ne pas m'en souvenir pour qu'il eût le plaisir de raconter cette anecdote, et moi celui de l'entendre. La voici :

---

(1) Laïs était de Sicile. Le général athénien Nicias l'amena captive en Grèce, à l'âge de sept ans ; elle s'établit à Corinthe, où elle se fit courtisane. Elle avait une rare beauté et beaucoup d'esprit.

« Laïs paria séduire Xénocrate, dont
» le cœur bravait l'empire de l'amour et
» de la beauté ; elle le fit prier de passer
» chez elle. Laïs était à sa toilette et dans
» le costume le plus voluptueux lorsqu'il
» arriva ; elle le fit placer auprès d'elle sur
» un lit couvert de pourpre, et lui dit
» qu'après avoir vu à ses pieds, les hommes
» les plus aimables et les plus grands per-
» sonnages, elle serait flattée de conqué-
» rir un sage, l'honneur de la philosophie.
» En parlant ainsi elle prenait la main de
» Xénocrate et la plaçait tantôt sur ses
» genoux, tantôt sur son cœur ; le phi-
» losophe lui répondit qu'elle devait s'en
» tenir à ces personnages.

» Sa jambe était à moitié découverte.—
» Comment la trouvez-vous? — Très-bien
» faite si vous ne la montriez pas.—L'amour
» est le maître de l'univers, ajouta t-elle,
» il a débrouillé le chaos, animé la nature :
» c'est le feu que Prométhée a dérobé au
» ciel ; ce feu sacré circule dans les eaux,
» dans les airs, il donne à chaque instant

» la vie à des milliers d'êtres ; il enflamme » les hommes, il embrâse les dieux ; il » m'agite en ce moment..... Voyez mon » sein comme il palpite, dit-elle en y por- » tant la main de Xénocrate. — Il est vrai, » répond froidement le philosophe, que » ses vibrations sont fréquentes... auriez- » vous la fièvre ? — Oui, une fièvre ar- » dente qu'allume votre présence ? — Cela » étant, je vais me retirer. — Restez, je le » veux : — Qu'exigez-vous de moi ? — » Que vous m'aimiez, dit-elle, en lui don- » nant un baiser.--Vous perdez votre temps » et vos baisers répliqua le philosophe, » vous pouvez être une Circé très-dange- » reuse, mais vous trouverez en moi un » second Ulysse. Adieu.

» Ainsi, Laïs perdit sa gageure, mais » elle refusa de la payer en disant qu'elle » avait parié séduire un homme et non » une statue ».

J'écoutai avec beaucoup d'intérêt la conversation de l'auteur du voyage d'Antenor, mais des dames m'attendaient à Andilly avec lesquelles je devais dîner et faire une partie à Moulignon. Je quittai à regret l'homme aimable et spirituel dont les entretiens m'avaient paru trop courts.

Le sage Xénocrate osa braver l'amour,
Et dédaigna Laïs qu'on nous peint si jolie.
Il eût pu résister à Vénus, à sa cour ;
Mais s'il avait connu Jennie,
J'aurais tremblé pour sa philosophie.

LETTRE DIXIÈME.

Montmorency, le etc.

Si vous voulez savoir quelles étaient les dames que je rejoignis à Andilly, je vous dirai que l'une était jeune, jolie et coquette; l'autre était plus coquette encore, cela était naturel; car elle était arrivée à cet âge de la vie où les femmes ne brillent plus que d'un faible et dernier éclat; mais elle cherchait à faire oublier par le soin de sa parure, et par une trempe d'esprit particulière, les charmes de la jeunesse qui avaient disparu.

Avant notre dîner, ces deux dames parlèrent de faire une cavalcade sur des ânes, et d'aller à Moulignon qui est près d'Andilly; j'applaudis à cette idée, on envoya chercher nos montures, et nous voilà cheminant gaîment et doucement sur ces patients animaux, dont Buffon a fait un magnifique éloge.

Nous arrivons à Moulignon; il n'y a rien de remarquable dans ce village que la maison de campagne de Larive, acteur très-distingué du théâtre français: c'est une des plus délicieuses habitations que je connaisse; la maison est bâtie sur un coteau très-élevé: elle est entourée d'une galerie soutenue par des colonnes, qui lui donnent à l'extérieur l'air d'une jolie salle de spectacle; on voit à l'extrémité de cette galerie les bustes de Molière, Corneille, Racine, Regnard, Crébillon et autres poètes dans le genre dramatique. De belles pièces d'eau avec des ponts et des cascades, traversent le parc ainsi que les jardins qui sont très-bien entretenus; ils se joignent d'un côté à des bois qui s'étendent au loin dans la campagne. De cette habitation on découvre les points de vue les plus enchanteurs; c'est la propriété d'un homme de beaucoup de goût qui a su tirer parti de la nature, pour en faire un séjour charmant; cet endroit est très-fréquenté, on y est surtout attiré par l'agrément de la situation. Larive accueille avec beaucoup de politesse les étrangers qui vienent visiter cette habitation. Le jardinier ainsi que le concierge s'empressent de faire voir les jardins et le parc.

Nous ne tardâmes pas à regagner Andilly où le dîner nous attendait. Ce repas fut assez gai, mais voilà par malheur qu'à peine avions nous fini le dessert, le mari de l'une de ces dames proposa de lire un mélodrame de sa façon; ce genre bâtard où l'on pleure, où l'on rit, où l'on danse, où l'on chante, où l'on voit des diables, des dieux et des déesses, n'est point de mon goût, et de plus je n'avais pas une haute idée des talents littéraires de l'auteur; je cherchai à éluder cette lecture le plus poliment qu'il me fut possible, en ramenant la conversation sur un autre sujet: hélas! ce fut en vain: Il fallut bon gré, mal gré, se résigner; on nous conduisit dans un bosquet du jardin, et là, l'auteur nous lut son chef-d'œuvre. La scène se passe, je crois à Jérusalem, autant que j'ai pu comprendre; enfin, il y avait si peu de plan, d'action, de style et d'intérêt, que j'eus toutes les peines du monde à ne pas m'endormir; pour ces dames, elles étaient occupées à faire un point de broderie, et sans donner leur attention à la pièce, elles s'écriaient de temps en temps : c'est beau! c'est pathétique! c'est très-sentimental! L'auteur était enchanté: quant à moi, j'étais bien obligé de faire du moins un signe de tête, comme marque d'approbation. Heureusement on interrompit vers le troisième acte : quelqu'un arriva; je profitai de cette circonstance pour m'esquiver; je quittai ces dames en les priant de vouloir bien m'excuser auprès de l'auteur dramatique, et je me dirigeai du côté de Saint-Leu.

Saint-Leu est à une lieue environ d'Andilly, et à deux lieues de Montmorency;

ce village est remarquable par le beau château qui appartenait à la duchessse de Saint-Leu, qui eut quelque temps le titre de reine de Hollande.

Une grille formée de lances dorées à leur extrémité, annonce l'entrée principale du château ; on y arrive en traversant une partie du parc qui sert de cour et d'avant-scène à cette magnifique demeure : le château se présente sur une belle façade au milieu de laquelle est un perron avec une rotonde vitrée : à droite et à gauche sont deux parties de bâtiment latéral, ayant de chaque côté des arcades cintrées, avec des décors d'architecture. La partie à gauche est l'orangerie, au bout de laquelle se trouve la salle de spectacle. La partie à droite sert à masquer les écuries, les remises, la vacherie, la basse-cour et tout ce qui tient au commun.

La façade opposée a le même genre d'architecture, mais sans rotonde, ni arcade latérale ; cettte partie du château est entièrement dans le parc : on y arrive par une autre grille, qui est près du pavillon; cette entrée qui est beaucoup plus simple, se nomme la petite entrée; la duchesse venait ordinairement par celle-ci, et les visites arrivaient par la rotonde. Au bout du château est une galerie élégante, soutenue par des colonnes et faisant au premier étage, où elle se termine, l'effet d'un grand balcon.

J'ai vu l'intérieur des appartements, dans lesquels il reste encore une partie du mobilier. Voici la description des principales pièces: le salon d'honneur est d'une grande beauté, il donne directement sur le parc; on y remarque des tableaux de Leprince, qui forment la tenture: on voit dans ce salon, le buste en albâtre, de l'impératrice Marie-Louise; on arrive ensuite dans la pièce qui servait à la duchesse, de salle de travail; là, elle s'occupait à peindre où à faire de la musique. La tenture est couleur nankin, avec une mousseline claire, plissée à gros plis, et produisant le plus agréable effet. Les fauteuils en forme de gondoles, ainsi que les banquettes qui garnissent le tour de cet appartement, sont d'une étoffe de même couleur que la tenture. La chambre à coucher est en bleu, qu'on appelait autrefois bleu Marie-Louise : à l'autre côté opposé est la salle de billard et la galerie des tableaux au haut de laquelle on voit la bibliothèque. La salle de spectacle est petite et fort simple.

Le parc contient trois cents arpents, il est traversé par des eaux qui le parcourent en différents sens. Ce parc est dessiné dans un genre grandiose, et planté à la manière du célèbre Lenôtre ; les parties élevées y découvrent majestueusement de vastes tapis de verdure ; on n'aperçoit sur ces hauteurs que quelques arbres de loin en loin, plaçés pour y produire effet, ou quelques statues qui se montrent à une grande distance ; ces parties hautes sont ainsi réservées pour jouir des divers points de vues.

On remarque dans le parc un rocher antique, digne de fixer l'attention ; l'aspect en est sombre et menaçant ; ce sont des masses énormes de pierres brutes, mamelonnées et garnies çà et là de plantes sauvages. Au fond de l'entrée est une cascade abondante qui se perd et alimente les rivières qui traversent le parc ; ces rivières sont formées de sources d'eaux vives.

D'un autre côté vers l'ouest du château, en avançant dans une espèce de désert, on aperçoit un ravin profond ayant à droite et à gauche deux montagnes fort élevées qui se communiquent par un pont d'une construction hardie ; non loin de ce pont est un joli pavillon ayant à l'extérieur la forme d'une chaumière ; de cet endroit qui est très-élevé, on découvre une vue magnifique.

Des touffes d'arbres verts, présentés avec art, quelques massifs de fleurs, des arbres de toute espèce et de tout pays, des rochers et des ponts jetés sur les eaux, ornent avec une magnifique simplicité ce séjour, qui rappèle beaucoup de souvenirs et les vicissitudes de la grandeur humaine.

On se demande qu'est-elle devenue cette femme, qui habita jadis ces lieux avec une suite brillante ; cette femme qui naquit avec les qualités du cœur et de l'esprit, qui charmait par ses grâces, comme par ses talents, et qui, jetée à peine sortie de l'enfance, dans une cour corrompue, y puisa malgré elle quelque partie des mœurs dissolues de celui qui en était le chef? Combien, moins faibles qu'elle, auraient succombé à tant de séduction, à tant d'éclat, et à tant de gloire! Mais pensons que sa main a souvent répandu les bienfaits dans ce village qui lui était si cher, et n'oublions pas qu'elle vit exilée loin de sa patrie.

La belle et célèbre Ninon;
Qui menait vie assez joyeuse,
Mais qui souvent parlait raison,
Disait qu'une femme est galante ou vertueuse,
Selon l'occasion.

Je prie votre sexe de ne pas trop se fâcher contre moi en lisant cette réflexion.

Cette maxime est d'ailleurs celle de Ninon; mais il faut avouer que l'expérience du monde en démontre souvent la justesse. La femme la plus sage peut arriver au bord du précipice sans s'en douter, et alors elle y est entraînée malgré elle. Madame de Tourvel et le comte de Valmont, dans *les Liaisons Dangereuses,* offrent un des mille exemples, que je pourrais citer pour appuyer cette maxime.

LETTRE ONZIÈME.

Montmorency, le etc.

J'AI reçu votre lettre ainsi que celle de votre maman ; je vous remercie l'une et l'autre du plaisir que m'a fait cet agréable message.

Continuez-moi vos observations sur cet ouvrage ; vous avez tant de justesse et de goût que je ne puis mieux faire que de m'y conformer ; soyez sévère dans votre critique, pour qu'il soit plus digne de paraître sous vos auspices.

Je suis allé à Épinay pour faire mes remerciements et mes adieux à M. de Sommariva ; car je vais m'éloigner pendant quelque temps de cette vallée, qui serait le plus charmant pays du monde si vous l'habitiez : à mon prochain voyage à Paris, je vous procurerai le plaisir d'admirer la belle galerie de tableaux de M. de Sommariva ; je lui en ai demandé la permission.

J'ai dîné hier chez cet excellent appréciateur et protecteur des beaux arts ; il y avait la meilleure compagnie ; on y distinguait surtout la jeune et belle comtesse D*** : j'avais souvent entendu parler de sa beauté, mais elle n'est pas moins intéressante par la douceur et l'agrément de sa conversation, et par sa tendre sollicitude pour ses enfants.

Non seulement M. de Sommariva a de magnifiques tableaux dans sa galerie à Paris, mais il en a aussi de fort beaux à son château d'Épinay.

La compagnie fut reçue dans le grand salon d'été, pavé en marbre-mosaïque : le plafond de cet appartement est peint par les plus habiles maîtres d'Italie.

Dans les différentes pièces au rez-de-chaussée, on admire plusieurs chefs-d'œuvres de peinture : on remarque surtout dans le salon d'été deux tableaux par Rosa de Tivoli, et un de Prete Genevèse; mais c'est dans l'élégant boudoir qui est à l'extrémité de ce salon que l'on contemple avec ravissement un buste de Canova, représentant une tête de femme, qui est tout ce que l'on peut concevoir de plus parfait dans la beauté idéale ; rien de plus gracieux, de plus moëlleux, de plus délicat, de plus admirable. Enfin, comme disait madame la comtesse D*** en promenant sa jolie main sur les contours de cette belle tête, *elle est à caresser.*

Ce boudoir est en quelque sorte un petit temple consacré aux beaux arts dans le genre gracieux ; on y remarque surtout un charmant tableau représentant *Venus et l'amour.*

M. de Sommariva nous fit voir quelques peintures qu'il avait fait faire sur émail, entre autres *Venus enlevant le jeune Ascagne qu'elle dépose au pied du mont Ida.* Ce sujet est tiré de sa galerie et reproduit avec une perfection étonnante sur un morceau de verre de six à sept pouces de longueur, et de trois à quatre de largeur : par le moyen de la vitrification et du procédé que l'on emploie, les couleurs deviènent inaltérables.

Nous vîmes aussi plusieurs camées que M. de Sommariva avait fait faire sur agates, cornalines et autres pierres précieuses, qui représentaient dans la forme d'une médaille, et avec la plus grande perfection, divers tableaux qui lui appartiènent.

C'est ainsi que le goût et l'opulence protègent et encouragent les artistes, dont un grand nombre doivent leur existence à M. de Sommariva.

Après le dîner on se promena dans le parc, qui est entretenu avec le plus grand soin, et où l'on retrouve à chaque instant l'éclat et le parfum des fleurs avec la verdure des gazons et du feuillage : diverses statues sont placées sur les hauteurs ou à l'extrémité des allées. La société fut conduite dans un joli cabinet de repos qui se trouve dans le parc sur le bord de la rivière : il présente une vue magnifique, qui s'étend au loin dans la campagne.

La conversation s'engagea sur les trop nombreux procès qui ont lieu depuis quelque temps au sujet de la liberté de la presse : ce fut un vaste champ de discussions, et j'admirai avec quelle raison et quelle justesse les dames traitèrent ce chapitre. On parla ensuite des mémoires de madame d'Épinay, ouvrage que l'on recherchait dans le monde avec une sorte de fureur. La majorité de la compagnie ne jugea pas très-favorablement ces mémoires ; mais on convint que leur lecture offrait de l'attrait et de l'intérêt. « On voit, dit avec grâce madame la comtesse D***, que madame
» d'Épinay avoue qu'elle fut liée intimement avec M. de Francueil, mais elle
» ne le dit pas à l'égard de M. Grimm,

» elle le laisse tout au plus deviner : c'est » bien la délicatesse d'une femme qui peut » convenir d'une première faiblesse, » mais qui craint de faire l'aveu d'une » seconde. »

La conversation des personnes de bonne société a un charme qui se fait mieux sentir en France que partout ailleurs. L'entretien sur différents sujets se prolongea jusqu'à dix heures du soir, dans ce pavillon où l'on respirait la plus douce fraîcheur, et où la lune répandait le reflet de sa lumière.

Je repris le chemin de Montmorency, et passai près de la belle propriété de M. Julien, maire d'Epinay, avec lequel j'avais eu aussi la bonne fortune de me trouver à dîner chez M. de Sommariva. Vous savez que le grand procès qui a occupé Paris et la province, entre M. Julien et le duc d'Orléans, vient d'être terminé par une transaction. Le prince a donné onze cent cinquante mille francs à son adversaire, qui lui a remis la propriété du théâtre français.

Je remontai à pied la vallée de Montmorency; je jouissais de l'air pur et du calme de cette soirée, et mon âme s'entretenait délicieusement au milieu de cette belle campagne que la lune éclairait de ses rayons argentés.

Je me disais : femme aimable et jolie,
Que l'on a pour épouse ainsi que pour amie,
Répand sur nos beaux jours
Le charme des amours,
Et sème encor de fleurs le déclin de la vie.
Bientôt pensant à vous, Jennie,
Vous devîntes l'objet de cette rêverie.

LETTRE DOUZIÈME.

Montmorency, le etc.

J'AI revu aujourd'hui avec plaisir le joli village de Saint-Gratien, qui est à peu de distance d'Epinay, et à une lieue de Montmorency. L'étang de Saint-Gratien ressemble à un lac par son immense étendue. Ce fut dans ce village qu'habita l'illustre maréchal de Catinat; on y voit encore un gros orme planté de sa main.

J'ai continué ma promenade par Eaubonne : je désirais voir l'ancienne demeure de Saint-Lambert, ainsi que cette cascade et cet acacia près duquel Rousseau fut si tendre et si éloquent aux pieds de madame d'Houdetot.

En vain j'ai cherché, en traversant le village de Sanois, le château de cette femme qui a laissé des souvenirs si chers à ceux qui l'ont connue ; cette propriété avait été achetée par des Vandales qui font commerce de démolir les châteaux, et celui de l'amie de Saint-Lambert n'existe plus.

J'ai visité à Eaubonne la jolie maison qu'avait habitée cet aimable poète ; elle appartient à M. Coutant, qui l'a acquise de M. Regnauld de Saint-Jean-d'Angely, célèbre sous le gouvernement de Bonaparte.

La cour qui dépend de cette habitation est fermée par une grille, et décorée avec des orangers ; les jardins et le parc ont peu d'étendue, mais ils annoncent le goût de la personne qui en est maintenant propriétaire.

C'est dans la propriété de madame Goupy, à Eaubonne, jadis occupée par madame d'Houdetot, que j'ai retrouvé cet acacia et cette cascade consacrés par l'amour et par les confessions de Rousseau : le temps, qui détruit tout, a respecté ces vieux et intéressants souvenirs.

Je suis revenu par Soisy, qui est au bas

de la vallée de Montmorency. Je m'arrêtai quelques instants au château du maréchal Kellermann, guerrier vieilli dans les combats et couvert d'honorables blessures. Ce château, vu de face en entrant, présente un bel aspect; on y arrive par une cour d'honneur, émaillée de fleurs et de verdure près de la maison qui communique au parc.

L'ancien château seigneurial de Soisy, est d'une architecture plus grave et plus noble. L'entrée annonce une riche habitation. Le parc contient environ cent arpents, le bassin qui est au bout de la maison est très-beau; c'est une Naïade qui en répand les eaux; mais en voyant cette magnifique demeure, et en parcourant les jardins et le parc, l'âme attristée se reporte bientôt vers celui qui en est propriétaire.

Beautés qui visitez ces lieux,
De vos attraits connaissez l'influence;
Plaignez ce mortel malheureux;
Plaignez son triste sort: au sein de l'opulence,
L'amour, dans ce château, l'a frappé de démence.

Je vais vous raconter cette touchante histoire : M. de V..... , ancien seigneur de Soisy, adorait madame de S***. ; il s'en croyait aimé, mais bientôt un rival fut également accueilli de cette beauté. M. de V..... voulut punir celui qui cherchait à lui ravir un cœur auquel il attachait tant de prix ; il le provoque en duel ; le cartel est accepté et l'on se rend sur le terrein, mais en vain les témoins cherchent à empêcher ce combat, en vain ils prétendent prouver qu'il ne faut point se couper la gorge pour une ingrate qui veut cesser de nous aimer, ou qui déjà nous a trahi, parce que cela ne remédie à rien; ils citent à cet égard l'exemple de Faublas et mille autres plus concluants encore, rien n'arrête nos deux champions ; le fer brille dans leurs mains, et la vengeance est dans leur cœur ; les épées sont croisées, on se porte réciproquement des coups ; ils sont parés à l'instant : M. de V..... , quoique très-habile en fait d'armes, se laisse trop emporter par le sentiment qui l'anime, il est blessé grièvement; la fureur s'empare de lui, et la fièvre bientôt l'agite. Un sang vicié par une jeunesse trop dissipée aggrave sa blessure, et la démence fut le résultat qu'il retira de cette malheureuse affaire; aussi l'on dit que dès qu'il voit une dame il fuit, ou se retourne avec une sorte de colère: du reste il est très-bien soigné par les personnes à la garde desquelles il est confié.

Voilà donc une des mille et une infortunes qui suivent pour nous l'inconstance ou l'infidélité des femmes :

Au temps heureux de la chevalerie,
On dit qu'honneur et loyauté
Servaient de frein à l'infidélité;
On accusait de noire perfidie
La femme qui trompait son époux, son amant;
Quelle différence à présent!
Ah! que nous sommes loin de la chevalerie!

Mais quittons ces pensées qui peuvent affliger les cœurs sensibles, et revenons à Montmorency, où l'on fait de grands préparatifs pour la fête de ce pays.

Des fleurs, des guirlandes et des illuminations doivent orner le lieu de la danse, qui est près de l'Hermitage, sur un coteau planté de maronniers. On voit arriver les petits marchands forains, le charlatan, la diseuse de bonnes aventures, et le vendeur de chansons nouvelles; des tentes et des boutiques sont préparées ainsi que les loteries et les jeux ordinaires aux fêtes de villages; le plus beau temps promet de favoriser ce jour patronal.

Du lendemain de la fête.

La fête a été charmante; le temps était magnifique pendant les trois jours qu'elle a duré. Jamais on n'a vu plus de beautés, de petits maîtres et de jolies paysanes à une fête champêtre. La place de Montmorency et les rues adjacentes étaient couvertes d'élégantes voitures sans compter celles placées sous les remises: l'auberge du cheval blanc, où l'on est servi comme chez Very, et toutes celles du pays étaient remplies ; les promenades d'Andilly, de Soisy, des Champeaux et de l'Hermitage, étaient fréquentées par le plus beau monde; on rencontrait dans les bois et dans les lieux solitaires quelques couples heureux de villageois. On y voyait aussi certains Adonis adorant une petite maîtresse, ou quelque Plutus soupirant près d'une Phryné qui veut faire croire à sa vertu.

Enfin l'heure du bal arrive. On voit les jeunes paysanes du même village, se tenant toutes par le bras, et attendant qu'on les invite à danser; à côté, et dans un cercle à part, on remarque les femmes les plus jolies et les plus élégantes de Paris, ou des châteaux voisins, de petits maîtres s'empressant autour d'elles, et quelques mamans un peu jalouses de ne plus danser comme leurs demoiselles. On entend l'aigre musique d'un orchestre composé de trois violons, de deux clarinettes et d'un tambourin. Ces artistes distingués sont placés sur une espèce d'amphithéâtre formé de gazon.

Pour moi j'examine en observateur les différents spectacles que présente cette assemblée.

J'admire ces beautés et leurs pas en cadence,
Leurs grâces, leurs attraits et leur légèreté ;
Mais des bons paysans j'aime aussi la gaîté,
Et je cours au lieu de la danse
Où je vois réunis les simples villageois.
Près de là bientôt j'aperçois
Le marchand de chansons nouvelles,
Répétant sur son violon
Certaine joyeuse chanson,
Qui fait rire les pastourelles.
Mais que vois-je sous ces ormeaux ?
C'est une nombreuse assemblée
Ecoutant en silence, et toute émerveillée,
Un adroit charlatan, qui guérit de tous maux.
Voyez surtout cette noire figure,
Cette antique sybille, agitant en tous sens
Sa roue et ses rubans ;
Elle dit la bonne aventure.
Notre Bohémienne à cet adolescent
Annonce des amours. On voit sur son visage
Le souris du contentement.
Vient à son tour la perle du village,
C'est la plus belle et la plus sage ;
Son front est coloré d'une aimable rougeur ;
On lui prédit l'époux qui doit fixer son cœur.

Mais voyez ce barbon ; sa figure décèle
Le dépit et l'étonnement.
Il eût vécu content ;
Mais l'imprudent
A consulté l'oracle : hélas ! il lui révèle
Que son épouse est infidèle.

Adieu, très-aimable Jennie : je partirai demain pour Ermenonville, et je vous écrirai, afin de charmer mon voyage.

LETTRE TREIZIÈME.

A Chantilly, le etc.

Je suis parti hier de Montmorency; c'était à l'heure où le soleil commençait à répandre ses rayons sur cette riche vallée.

Je me suis rendu à Saint-Denis, où j'avais retenu ma place dans la diligence de Chantilly : En attendant cette voiture j'ai visité l'ancienne abbaye de Saint-Denis, destinée à la sépulture de nos rois.

Vainement je parcours ce lieu silencieux,
Ah! sous ces voûtes sépulcrales,
Ces restes imposants des dignités royales
Ne se montrent plus à nos yeux!
Mais de Louis et de Marie
J'aperçois les tristes tombeaux;
Ils me rappèlent tous les maux
Dont gémit trop long temps notre chère patrie.

Les restes de Louis XVI et de Marie-

Antoinette, son épouse, dont la mort fut un des plus grands crimes de la révolution, furent extraits du Cimetière de la Magdeleine et déposés en 1815, dans les tombeaux de l'abbaye de Saint-Denis.

Ces funèbres caveaux etaient remplis à l'époque de la mort de Louis XV, et son successeur fut comme effrayé de ne plus y trouver de place pour déposer son cercueil; triste présage des malheurs de ce Monarque!

Je vous rappèlerai à cette occasion ces beaux vers de M. de Treneuil, dans son élégie sur les tombeaux de Saint-Denis.

« Du tombeau paternel où tu devais descendre,
» La mort même semblait avoir privé ta cendre;
» De ce tombeau peuplé des princes de ton sang;
» Nous vîmes ton aïeul fermer le dernier rang,
» Et pour le saluer de tes adieux funèbres,
» Quand tu vins de ce gouffre aborder les ténèbres,
» Ton regard aperçut, sans doute avec effroi,
» Qu'il ne s'y trouvait plus une place pour toi. »

Ces sépultures royales où avait reposé la famille de Clovis et de saint Louis; ont été détruites les 6, 7 et 8 août 1793. Les restes de tant de souverains furent arrachés de leurs tombeaux, jetés pêle-mêle dans des fosses et livrés à tous les genres de profanation.

On a achevé en 1814 et 1815 les réparations des caveaux et de l'église Saint-Denis.

On vint bientôt m'annoncer le départ de la diligence pour Chantilly et je pris place dans cette voiture, entre une assez jolie personne, et une vieille maman qu'elle appelait sa tante : j'avais en face un gros Anglais qui tenait à lui seul au moins deux places.

C'était un sot, un important,
Gauche, singulier personnage,
Qui voulait faire le galant ;
Mais original complaisant,
Fait pour divertir en voyage.

Ce voyage fut assez gai : je m'amusai pendant la route à contrarier le gentleman qui était fort peu sensible à quelques situations pittoresques que l'on remarque sur la route de Paris à Chantilly, particulièrement auprès de Luzarches et d'Ecouen : il affirmait gravement qu'il fallait aller eu Angleterre pour jouir des plus beaux sites que peut offrir la nature.

La petite nièce se mêlait à notre conversation, et l'Anglais lui faisait lourdement la cour : j'observais les manières empruntées de cette jolie personne, et je me disais :

Avec mine fraîche et jolie,
Je n'aime pas cet air et ce ton affecté;
Cela sied mal à la beauté:
Le naturel toujours à la grâce s'allie.

Nous arrêtâmes à Luzarches pour changer de chevaux : c'est une petite ville qui ne vaut pas la peine que je vous en parle.

Nous remontons en voiture et nous trottons vers Chantilly, où nous ne tardâmes pas à arriver.

Nos voyageurs continuèrent leur route pour Clermont; je fis mes adieux à la vieille tante, à la petite nièce, ainsi qu'au gros Anglais, et je fus m'installer à la meilleure auberge de Chantilly où l'on me servit un dîner que mon appétit me fit trouver délicieux.

Si du chantre fameux de la gastronomie
J'avais le talent, le génie,
Je vous décrirais ce repas;
Mais à Berchoux, à La Reynière (1),
Auteurs friands de bonne chère,
Appartient de chanter les festins et les plats.
Excusez-moi; ma muse peu hardie
N'aime à rimer que pour chanter Jennie.

Je resterai ici aujourd'hui et demain pour visiter Chantilly, et je vous rendrai compte de mon journal.

---

(1) On sait que le premier est auteur de la Gastronomie, production originale et pleine d'esprit, qui eut un grand succès; le second a rédigé l'Almanach des gourmands, qui a fait révolution dans les cuisines françaises.

LETTRE QUATORZIÈME.

Chantilly, le etc.

De Condé Chantilly fut le digne séjour;
L'art voulut avec la nature
S'unir exprès pour l'orner tour-à-tour.
J'aime ses bois, ses eaux, ses plaines de verdure,
Et surtout ses coteaux charmants;
Mais de ses nobles monuments
J'admire encor l'architecture.

Je dis *encore*, car, cette magnifique habitation des Condé a été détruite pendant la révolution. Cependant les agents destructeurs de Robespierre et de Marat n'ont pas tout dévasté; il reste encore le château d'Enghien, et les écuries qui passent pour être les plus belles de l'Europe; elles ont été assez bien conservées, parce que dans ces temps malheureux elles servaient de caserne. Le prince de Condé, à son retour en France en 1814, y a fait faire des réparations.

L'extérieur, par ses décors et son architecture, annonce plutôt un superbe château que des écuries. A chacune des extrémités est un pavillon avec trois arcades : on admire au haut de la porte des remises, la sculpture d'un sanglier poursuivi par des chiens, et aux deux côtés, Diane tenant une biche, et Cyparis couronnant un cerf.

La partie supérieure de la grande porte des écuries est d'une beauté plus remarquable ; elle est ornée de pilastres et de corniches, et présente les bas-reliefs les plus parfaits de trois superbes chevaux attelés à un char.

L'intérieur de ces écuries est très-bien distribué ; on y remarque plusieurs auges et abreuvoirs en marbre.

En face, on aime à voir cet immense tapis de verdure qui s'étend à une distance considérable.

Les jardins si beaux et si vantés, qui

faisaient le charme de cette célèbre habitation ont été détruits en 1792.

Que ce séjour rappèle de grands souvenirs ! C'est ici que Condé, après avoir vaincu, venait, au sein de la nature et de ses plaisirs, se délasser des travaux et des fureurs de la guerre ; c'est ici que Louis XIV, venait visiter ce héros ; digne d'être son ami et l'appui de sa couronne.

Le grand Condé avait reçu cette éducation mâle et forte qui fait les héros. Son père évita qu'il fût élevé dans la flatterie qui énerve et corrompt l'âme des grands ; il ne voulut point qu'il eût un précepteur, et se chargea de surveiller ses études : Condé fit ses humanités au collége de Bourges, où il se distingua bientôt par son application et par ses progrès ; à peine sorti de l'enfance il parut dans les armées, et on admira en lui cette brillante valeur et ce génie dans l'art de la guerre, qui le rendirent si redoutable aux ennemis de la France et quelque temps à la France elle-même ; mais ce prince, franc et loyal dans sa réconciliation avec Louis XIV, fit oublier par ses nombreux et éclatants services qu'il eût porté les armes contre sa patrie.

Condé avait une conversation libre et hardie, qui se ressentait quelquefois de la licence des camps ; les femmes furent souvent l'objet de ses hommages. Ninon fut au nombre des belles qu'il aima ; la considération qu'il lui portait était au point que lorsqu'il la rencontrait, il descendait de son carrosse et l'allait saluer à la portière du sien.

Dans ses dernières années, ce prince retiré à Chantilly, cessa d'être tout à fait ce qu'il avait été ; il se livra entièrement à la dévotion, et le zèle de convertir les Calvinistes s'empara de lui ; il les attirait à cet effet dans sa maison en leur promettant des récompenses : la veille de sa mort il écrivit à Louis XIV en faveur du prince de Conti, et obtint la fin de sa disgrâce. Il mourut le 11 décembre 1686, et fut sincèrement regrété de ce Monarque.

Mais en parlant de ce héros, rappèlerons-nous le prince qui appartenait à cette illustre maison et qui mourut à Paris, le 13 mai 1818?

Louis-Joseph de Bourbon prince de Condé, naquit à Chantilly le 6 août 1736; il fut le fils unique du duc de Bourbon, qui avait été premier ministre après la régence, et de la princesse Caroline de Hesse-Rhinfels: à dix-neuf ans il débuta dans la carrière des armes par la malheureuse guerre de sept ans; il se couvrit de gloire aux batailles de Minden et de Johannesberg. Louis XV lui donna une marque particulière de satisfaction en faisant porter à Chantilly, auprès du château de ce prince, une partie des canons pris sur l'ennemi dans la victoire qu'il avait remportée contre le duc de Brunswick.

Cet habile général vint le visiter quelque temps après, dans ce magnifique séjour; le prince eu la délicate attention de faire disparaître ces canons; « Vous avez voulu » me vaincre deux fois, lui dit le duc de

» Brunswick, à la guerre par vos armes,
» et dans la paix par votre modestie ».

Le prince de Condé aima les lettres et protégea plusieurs écrivains recommandables. Champfort, Grouvelle et Valmont de Bomare ressentirent les effets de sa bienveillance. Ce dernier avait formé dans le château de Chantilly, un des plus beaux cabinets de physique qui aient existé en Europe.

L'époque de la révolution arriva, et le prince de Condé quitta la France avec sa famille : l'histoire impartiale redira que parmi les corps d'émigrés que la mort moissonna sans gloire, l'armée commandée par ce prince, fut la seule où l'on vit briller quelque valeur ; mais le sang français coula des deux partis, et il vaut mieux se taire sur ces funestes victoires.

Chantilly n'est plus l'asile de la magnificence, mais l'industrie y a établi plusieurs manufactures, une de faïence et une autre pour façonner et laminer le cuivre. On y fabrique aussi des dentelles qui rivalisent avec celles de Bruxelles.

Sur une grande nappe d'eau qui environnait ces superbes châteaux, je vis plusieurs petites îles, dont quelques-unes étaient encore plantées avec soin. Je remarquai surtout cette île autrefois embellie par les arts, qu'on appelait l'île d'amour; la déesse de la beauté et le dieu des plaisirs qui y avaient un temple, l'ont abandonnée.

Mais dans cette île enchanteresse,
Si vous vouliez aborder quelque jour,
On vous prendrait pour la sœur de l'Amour,
Et moi j'adorerais la nouvelle déesse.

J'éprouvais un vif sentiment de tristesse en considérant les débris de ces monuments dévastés. Pourquoi, me disais-je, ces chefs-d'œuvres des beaux arts et du goût n'ont-ils pas été épargnés? O barbarie! O temps affreux qu'il faudrait oublier, mais qui laissera pour la postérité de tristes pages dans notre histoire!

L'esprit occupé de ces sombres idées, je dirigeai mes pas vers l'immense forêt de

Chantilly, qui est tout près le château d'Enghien.

La forêt appartient à la mélancolie;
Là, l'homme infortuné rêve avec sa douleur,
L'amant de son amante y pleure la rigueur,
Ou gémit d'être loin d'une beauté chérie.

Je fus bientôt retiré de ma rêverie par une voix de femme, que j'entendis se plaindre en sanglottant (1). J'approche et je vois une femme fort âgée, assise au pied d'un arbre en gardant une chèvre. Sa tête était penchée avec l'expression d'une profonde douleur, et elle versait des larmes. Ému par un sentiment de pitié, je voulus connaître la cause de son affliction : « D'où » vient que vous pleurez, bonne mère, » lui dis-je en m'approchant d'elle » ? Elle eut un air de surprise et de crainte, ses sanglots redoublèrent. — Ah ! mon fils, mon pauvre fils, « s'écria-t-elle avec un » accent déchirant » ! Cette malheureuse

(1) Cette circonstance date de 1812, époque à laquelle l'auteur de ces lettres alla à Chantilly et à Ermenonville.

femme finit par me dire qu'elle venait d'apprendre la mort de son fils, qui était sergent dans un corps d'infanterie, et qui la faisait vivre en lui envoyant la moitié de sa solde ; elle m'ajouta qu'elle était veuve, sans autres enfants que ce bon fils ; elle avait pour tout bien une chèvre, et une cabane dans la forêt lui servait d'asile ; autrefois elle avait servi d'abri aux gardes-chasses du prince de Condé ; ainsi ce faible reste de l'opulence était encore utile au malheur ! Je fis ce qui me fut possible pour ranimer son cœur abattu ; je promis même de m'intéresser autant qu'il était en moi pour lui faire avoir une pension de l'état ; je fus par la suite assez heureux pour obtenir cette faveur, et je lui remis en la quittant quelques faibles secours.

Ce trait de piété filiale de la part d'un militaire sans aucune fortune, qui consacrait la moitié de ses faibles appointements pour les besoins de sa mère, et la douleur de cette malheureuse femme, qui se trouvait sans ressource, m'avaient vivement ému. Oh! non, me disais-je, je ne crois pas au système des compensations ; il est des êtres trop infortunés.

Votre cœur vous dit que la bienfaisance est la première des vertus, et qu'elle procure la plus douce jouissance ; vous m'ajouterez qu'un acte d'humanité doit être tenu secret par celui qui en est l'auteur. Je le sais, et dans ce cas,

Peut-être aurais-je dû taire cette aventure ;
Mais votre âme sensible et pure
En la lisant sentira la pitié ;
Ce sentiment est si doux dans la vie,
Que j'aurais fait un vol à l'amitié,
En la laissant ignorer à Jennie.

LETTRE QUINZIÈME.

Ermenonville, le été.

Je vais bientôt vous parler d'Ermenonville et de l'île des Peupliers ; mais il faut pardonner les épisodes, les descriptions et ce qu'on appèle *les nœuds de l'action* aux poètes, aux romanciers, ainsi qu'aux faiseurs de petits voyages; cela sauve l'ennui de l'uniformité : on dit même qu'un auteur aussi bien qu'une jolie femme, doit savoir ménager adroitement les obstacles, afin de rendre le dénouement plus piquant. Pour moi, je crois que cette maxime est de l'invention d'une coquette; mon imagination n'est pas faite pour attendre ; elle veut arriver à l'instant au but qu'elle désire.

J'aime le langage de la mythologie et ses charmantes allégories ; je vous dirai donc dans cette langue, que le blond Phébus était à son lever, et que les tendres zéphyrs recueillaient dans les prairies les pleurs de l'aurore, lorsque je quittai Chantilly et pris la route de Senlis, petite ville qui en est à trois lieues, et à égale distance d'Ermenonville : je me souviendrai toujours de l'espèce de ravissement que j'éprouvai pendant ces trois lieues, que je fis à pied à cinq heures du matin et dans la plus belle saison.

Je cotoyai la vaste forêt de Chantilly. Le ciel était sans nuage; on voyait seulement à l'orient cette brillante couleur de pourpré qui entourait le soleil; l'air était pur et faiblement agité; on entendait le bourdonnement de quelques insectes qui déployaient leurs ailes légères; on respirait cette douce odeur qu'exhalent le matin les végétaux; les oiseaux semblaient célébrer par leurs chants le retour du dieu de la lumière, et la tourterelle sur son nid, roucoulait de plaisir et d'amour.

J'arrivai bientôt à Senlis; c'est une petite ville fort ancienne et assez mal bâtie. Je passai la journée à remarquer ses remparts, ses portes et ses murs épais, qui annoncent que cette ville eut autrefois des siéges à soutenir. L'on voit à peu de distance de Senlis, les ruines d'un monument élevé en mémoire d'une victoire anciennement remportée.

Le lendemain je repartis pour Ermenonville; j'avais à traverser une grande forêt; je fus obligé de prendre un guide à cause de la difficulté du chemin; je me confiai à un conducteur qui m'avait assuré bien connaître cette route; il m'avait trompé, et nous nous égarâmes.

Enfin j'entendis le bruit d'un fouet; j'envoyai mon guide à la découverte: c'était un honnête meûnier qui allait à Ermenonville; nous le suivons, et bientôt nous arrivons à ce petit village.

Ermenonville est situé sur les bords riants de la Nonette, qui traverse ce hameau. On y arrive par une pente douce et sur un terrain sablonneux: l'habitation qui me parut ici la seule remarquable appartient à M. de Girardin. D'un côté est une sorte de désert couvert de bruyère et de rochers ; de l'autre, est un pont qui conduit à ce château.

C'est dans ces lieux solitaires, où la nature est à-la-fois agréable et sauvage, que Henri IV vint chercher le bonheur auprès de Gabrielle d'Estrée. Voltaire, en peignant cette beauté, s'exprime ainsi dans la Henriade :

« Dans le fond d'un château tranquille et solitaire,
» Loin du bruit des combats, elle attendait son père,
» Qui, fidèle à ses rois, vieilli dans les hasards,
» Avait du grand Henri suivi les étendards :
» D'Estrée était son nom ; la main de la nature
» De ses aimables dons la combla sans mesure. »

Arrivé à Ermenonville, je descendis à une auberge qui portait pour enseigne, *à l'Image de J.-J. Rousseau.* Le nom et l'effigie de ce philosophe m'attirèrent à cette hôtellerie.

En face de cette auberge, on lisait l'inscription suivante au haut de la porte d'une chaumière :

« L'empereur Joseph II a dîné dans
» cette maison, le 24 mai 1777. »

Et à la maison d'à côté :

« Gustave III, roi de Suède, a dîné
» dans cette maison, le 24 juillet 1784. »

Bientôt j'allai visiter le parc et l'île des peupliers, qui dépendent de l'habitation de M. de Girardin, et qui attirent ici un grand nombre d'étrangers. J'étais guidé par le concierge, vieux et honnête militaire, qui avait fait les campagnes du Hanovre sous M. de Girardin.

A l'entrée du parc je lus ces vers :

« Le jardin, le bon ton, l'usage,
» Peut être anglais, français, chinois;
» Mais les eaux, les prés et les bois,
» La nature et le paysage
» Sont de tout temps, de tout pays ;
» C'est pourquoi dans ce lieu sauvage
» Tous les hommes seront amis
» Et tous les langages admis. »

On arrive par un sentier tournant à une grotte creusée dans un rocher, au travers duquel l'eau tombe en formant diverses cascades. Là on remarque cette inscription :

« Nous fées et gentilles driades
» Etablissons ici notre séjour;
» Nous nous plaisons au bruit de ces cascades,
» Mais nul mortel ne nous voit en plein jour :
» C'est seulement quand Diane amoureuse
» Vient se mirer au cristal de ces eaux,
» Qu'un tendre poète crut, dans une verve heureuse,
» Entrevoir nos attraits à travers les roseaux.
» O vous! qui visitez ces champêtres prairies,
» Si vous voulez jouir du destin le plus doux,
» N'ayez jamais que douces fantaisies,
» Et que vos cœurs soient simples comme nous;
» Lors bien venus dans nos riants bocages,
» Puisse l'amour vous combler de faveurs!
» Mais maudits soient les insensibles cœurs
» De ceux qui briseraient, dans leurs humeurs sauvages,
» Nos tendres arbrisseaux et nos gentilles fleurs. «

Ces cascades forment différents ruisseaux qui se perdent dans le parc. Ici la terre est émaillée de verdure et de fleurs ; on marche sous des berceaux qui offrent le plus doux ombrage ; on n'entend que le murmure de l'onde et le chant des oiseaux ; on éprouve un charme délicieux ;

on s'arrête, on lit ces vers pleins de douceur :

« Coule, gentil ruisseau, sous cet épais feuillage,
» Ton bruit charme les sens, il attendrit le cœur;
» Coule, gentil ruisseau; car ton cœur est l'image
» De celui d'un beau jour passé dans le bonheur. »

En avançant dans le parc on remarque le temple de la philosophie. Ce temple est placé sur un site élevé; il est bâti en forme circulaire : au-dessus de la porte est écrit :

Rerum cognoscere causas (1),

On lit ces noms et ces pensées caractéristiques sur les colonnes qui entourent ce temple :

1re colonne. NEWTON, *lucem* (la lumière).
2e colonne. DESCARTES, *nil rebus inane* (rien d'inutile dans la nature).
3e colonne. VOLTAIRE, *ridiculum* (le ridicule).
4e colonne. PENN, *humanitatem* (l'humanité).
5e colonne. MONTESQUIEU, *justitiam* (la justice).
6e colonne. ROUSSEAU, *naturam* (la nature).

Ce temple est resté imparfait; une autre

(1) Connaître le principe des choses.

colonne de ce temple est au bas dont le travail n'est pas achevé. L'inscription suivante qu'on voit dans l'intérieur, fait connaître que c'est ici une allégorie :

HOC TEMPLUM INCHOATUM
PHILOSOPHIÆ NONDUM PERFECTÆ
MICHAELI MONTAIGNE
QUI OMNIA DIXIT
SACRUM ESTO (1).

Sur le chapiteau de la colonne qui est couchée au pied du temple, on a gravé ces mots :

QUIS HOC PERFICIET (2)?

Assez près de là est un petit rocher, sur le côté duquel on lit : *Joseph II s'y est reposé.*

(1) Ce temple imparfait de la philosophie, qui n'est pas encore arrivé à son plus haut degré, est consacré à Michel Montaigne, qui a tout dit.

(2) Qui l'achèvera ?

Plus loin on trouve cette inscription :

Scriptorum chorus omnis
Amat nemus, et fugit urbes (1).

En continuant sa marche, on arrive au désert par un chemin montueux. Ici la nature est triste, aride et sauvage; elle présente une chaîne de rochers dont plusieurs sont très élevés; l'un d'entr'eux, qui est le plus escarpé, offre une grotte dans son intérieur. Il y a une cheminée, et un siége tout autour garni de mousse; le haut est couvert en chaume. C'était la grotte de J.-J. Rousseau : c'est ici qu'il se plaisait à admirer la nature, qui inspire l'imagination plus fortement sur les sites montueux.

Du haut de ce rocher la vue s'étend au loin dans la campagne, et suit les replis onduleux du lac, qui baigne les pieds du rocher; ce lac traverse le parc en formant plusieurs îles, qui sont plantées d'arbres

(1) Les écrivains aiment les bois et fuient le tumulte des villes.

de diverses espèces. De là on aperçoit l'île des peupliers consacrée aux mânes de de J.-J. Rousseau.

Je lus sur quelques pierres voisines du rocher plusieurs pensées de ce philosophe, entr'autres celles ci :

« C'est sur la cime des plus hautes mon-
» tagnes que l'homme sensible se plaît à
» contempler la nature ; c'est là que, tête-
» à-tête avec elle, il en reçoit des inspira-
» tions toutepuissantes, qui élèvent l'âme
» au-dessus de la région des erreurs et des
» préjugés. »

En avançant dans le désert, on me fit remarquer un endroit où un jeune homme était venu terminer son existence par le suicide. On trouva sur lui une lettre adressée à M. de Girardin, par laquelle il le priait de lui donner la sépulture dans son parc. On me dit que le lendemain de cet événement une dame était venue prendre des informations sur la triste fin de ce jeune homme, et paraissant extrêmement affligée, elle lui coupa une tresse de cheveux et disparut. On n'a pu savoir les noms ni de l'un ni de l'autre. M. de Girardin a fait inhumer dans son parc cet infortuné, que l'on a cru être une nouvelle victime de l'amour : ô sentiment puissant et redoutable, quel est donc ton empire sur les mortels !

Quoi qu'il en soit, je vais vous raconter ce que m'a dit l'autre jour ce dieu si séduisant, mais souvent si perfide ; vous qui êtes de sa cour, vous savez qu'il se familiarise volontiers avec les humains, et qu'il leur apparaît sous toutes les formes :

Ce dieu malin m'a révélé
D'où vient qu'en vous tout plaît et tout inspire ;
De ce secret à moi seul dévoilé,
Je veux aujourd'hui vous instruire :
A peine vos beaux yeux avaient reçu le jour,
Vénus, Orphée, et Minerve et l'Amour
Voulurent de vous à l'envie
Faire une mortelle accomplie.
Vénus vous prodigua la grâce et la beauté ;
Vous reçûtes d'Orphée et cette voix si tendre,
Et l'art divin de faire entendre
Ces sons mélodieux dont on est enchanté ;

Minerve dit : « J'y joins la modestie,
» Qui rend si séduisans
» Les grâces, les talens,
» Et veux que pour charmer les loisirs de sa vie,
» La palette et l'aiguille occupent ses momens : »
Ainsi donc avec grâce, avec délicatesse,
Brodez-vous une fleur, tracez-vous un portrait,
J'admire le travail, le coloris, le trait,
Et rends hommage au goût guidé par la déesse.
Enfin, à tous ces dons de plaire et de charmer,
L'Amour voulut unir un cœur fait pour aimer.
A ce dieu, croyez-moi, sur-tout soyez fidèle ;
Car vous saurez qu'il ne manque jamais
De se venger d'une rebelle
Qui réunit, comme vous, tant d'attraits.
En vous disant d'aimer, n'oubliez pas Jennie,
Que je suis égoïste, et qu'il s'agit de moi.
Passez moi donc un peu de jalousie,
Et recevez mon amour et ma foi.

LETTRE SEIZIÈME.

D'Ermenonville, le etc.

Nous allons maintenant, Jennie, visiter l'île des peupliers, et puis en quittant ce lieu de tristesse, nous irons nous promener dans l'endroit charmant de ce parc qu'on appèle le Boccage. Nous trouverons dans ces bois délicieux, dans ces riantes prairies, l'Elysée au sortir de l'asile du tombeau : mais en pensant à cet élysée si séduisant dans Virgile, je me suis dit souvent :

Ah ! pourquoi dans ce doux séjour
Qu'inventa la mythologie,
Ne pas avoir placé l'amour ?
On goûte en ces beaux lieux l'aimable rêverie;
On chérit et ces bois et ces ombrages frais,
Et ce fleuve fameux où l'on boit à longs traits

L'oubli des maux d'une autre vie;
Mais là que faire, je vous prie,
Sans amour pour femme jolie?
Dans les jardins, dans les palais,
    Le cœur s'ennuie
    Sans une amie.

J'arrive près d'une île plantée de peupliers; une émotion involontaire, un sentiment de respect, s'emparent de moi. C'est là, me dit mon conducteur, qu'est le tombeau de M. Rousseau. Nous approchons, et une barque nous fait aborder à cette île de la mort: cependant la tombe n'inspire point ici de sévères et lugubres pensées. Ces beaux peupliers, ce noble et simple monument, cette douce verdure dont l'île est tapissée, cette onde paisible qui l'entoure, font de ce lieu l'asile de la mélancolie et du recueillement: on y pleure malgré soi, mais ces larmes ont des charmes. C'est donc ici que repose la cendre froide de l'homme le plus sensible, de cet écrivain qui peignit si bien l'amour et la nature; de ce philosophe qui désira le bonheur de l'humanité, et qui apprit aux mères à remplir le plus saint des devoirs ; de cet homme de génie, admirable par son éloquence, qui émanait toute entière de son âme brûlante. Rousseau n'est pas sans doute exempt dans ses écrits, de sophismes ou de paradoxes, mais ses erreurs furent toujours de bonne foi ; ses fautes sont celles de l'esprit et non celles du cœur : il voulut constamment le bien ; une âme aussi profondément sensible ne put jamais vouloir le mal.

Sur l'un des côtés de son tombeau on lit cette inscription :

« Ici repose l'homme de la nature et de
» la vérité. »

Sur l'autre côté, est représentée en bas-relief une femme lisant l'Émile et allaitant son enfant. Au haut de ce bas-relief on voit une couronne sur laquelle est cette devise :

Vitam impendere vero (1).

(1) Consacrer sa vie à la vérité. (Epigraphe de Rousseau dans plusieurs de ses ouvrages.)

A l'une des extrémités du tombeau on lit :

Hic jacent ossa J.-J. Rousseau.

Après un instant de silence et de rêverie près de la tombe du grand écrivain, je dis au vieux concierge qui me conduisait dans le parc « : Racontez-moi, je vous prie,
» quelles étaient les occupations de Rous-
» seau pendant qu'il habita Ermenonville,
» et quels furent ses derniers moments.
» Il me sera facile de vous instruire avec
» exactitude, me répondit cet homme,
» dont les cheveux blancs et la figure hon-
» nête me donnaient confiance en ses
» récits, car c'était moi qui étais le plus
» voisin de l'aile du château occupée par
» M. Rousseau, et je lui offrais chaque
» jour mes petits services ». Le vieux soldat s'appuya sur le tombeau : je m'assis sur une large pierre qui était en face, et il parla en ces termes :

« M. Rousseau et sa femme furent in-
» vités par M. de Girardin à venir de-
» meurer à Ermenonville. Il n'y avait pas

» long temps, je crois, que M. Rousseau » arrivait de la Suisse : il parlait avec » bonté, à nous et à tous les gens du vil- » lage. Il faisait souvent des aumônes, et » disait qu'il voudrait être plus riche pour » donner davantage; mais il ne donnait » qu'aux personnes âgées; car l'homme » qui peut travailler, disait-il, doit vivre » de ses bras : il répétait souvent que » c'était l'état le plus heureux. Il se levait » du grand matin pour se promener dans » le parc, et en rapportait des plantes. » Il aimait beaucoup le fils de M. de Gi- » rardin, auquel il donnait des leçons de » botanique. M. Rousseau passait sou- » vent des journées entières dans le parc, » et lorsqu'il venait à pleuvoir, il se retirait » sur le haut du rocher, dans la grotte » que vous avez vue. Là il lisait ou il écri- » vait, ou bien quelquefois il restait des » heures entières à regarder la campagne » d'un air pensif; souvent sa femme ou » moi lui portions à déjeuner dans cette » grotte : il avait coutume de prendre » pour ce repas du café au lait.

» Il y avait à peu près quatre mois qu'il » habitait le château lorsqu'il mourut, » voici comment ce malheur arriva :

» Deux jours auparavant, M. Rousseau » se plaignait d'avoir quelques étourdis- » sements ; mais cela ne l'empêchait pas » de se promener comme à l'ordinaire. » Le matin du jour de sa mort il fut en- » core herboriser dans le parc. En reve- » nant, après le déjeuner, il dit à sa femme » qu'il se sentait malade : j'ai besoin d'air, » dit-il, ouvre la fenêtre : il se lève et se » met à la croisée. M. Rousseau dit aussi » qu'il éprouvait des élancements sous la » plante des pieds ; il se rassied : j'ai be- » soin d'air, dit-il encore, j'étouffe ; sa » femme voulut avertir M. de Girardin, » mais il s'y refusa. Il se remet à la fe- » nêtre, et en voulant se rasseoir, il se » laissa tomber, et mourut quelques mi- » nutes après. J'accourus comme il était » expirant. M. de Girardin, qui crut que » ce pouvait être une apoplexie, et que » peut-être M. Rousseau n'était pas mort,

» envoya sur-le-champ chercher deux mé-
» decins ; mais il est certain qu'il n'existait
» plus. Les deux médecins arrivèrent et
» dirent aussi qu'il était mort d'apoplexie :
» cependant M. de Girardin désira qu'ils
» fissent l'ouverture du corps. Après cette
» ouverture ils persistèrent à croire qu'il
» était mort d'apoplexie : j'assistai à l'ou-
» verture et à l'embaumement de son
» corps.

» Lors de l'arrivée de M. Rousseau dans
» ce pays, il avait été charmé de la beauté
» du parc, et avait prié M. de Girardin
» de l'y faire enterrer s'il mourait à Erme-
» nonville : M. de Girardin le promit ; et
» le corps, après avoir été embaumé, a
» été déposé dans un cercueil de plomb, et
» placé sous le tombeau que vous voyez. »

Tel fut le récit du vieillard, qui raconta avec la simplicité de son langage, les derniers moments de Rousseau.

Ces détails, que l'on peut regarder comme très-véridiques, détruisent l'opinion qui fut alors publiée par quelques écrivains, que Rousseau s'était empoisonné : ses ennemis se plurent à la répandre, et beaucoup de personnes en sont encore persuadées. Il était de la destinée de l'auteur d'Émile d'être persécuté jusques dans le tombeau. Madame de Stael, dans ses lettres sur les ouvrages et le caractère de Rousseau, pense aussi qu'il s'est donné la mort : elle s'appuie de l'avis de je ne sais quel génevois se disant confident de ce philosophe ; elle ajoute que Rousseau, peu de temps avant sa mort, avait eu sujet de se plaindre de la conduite de sa femme. D'après les renseignemens les plus positifs que j'ai pris à Ermenonville, il est constant que Rousseau n'a point terminé son existence par le suicide : il est vrai que sa femme eut des liaisons avec quelqu'un attaché au service de M. de Girardin ; mais ces liaisons n'ont été connues qu'après la mort de Jean-Jacques ; on ignore même si elles existaient auparavant ; et lorsqu'il en aurait été instruit, se serait-il donné la mort pour cela, lui qui dit dans ses confes-

sions, en parlant de sa femme : « Du mo-
» ment que je la vis jusqu'à ce jour, je
» n'ai jamais senti la moindre étincelle
» d'amour pour elle (1). »

Lorsque M. de Girardin fut informé des liaisons de Thérèse, il l'invita à chercher un autre asile : elle alla habiter un petit village près d'Ermenonville avec l'objet de ses amours ; elle y mourut quelques années après.

Je fis mes adieux au tombeau de Rousseau, et quittai cette île avec regret, tant il est vrai que ce qui nourrit l'attendrissement et la mélancolie, a pour le cœur un charme puissant.

Nous arrivâmes ensuite dans la partie de ce parc appelée le Bocage. Ici la nature est riante ; tous les sens sont enchantés. On s'égare sous des berceaux fleuris, on y respire un parfum délicieux : on entend la douce voix de Philomèle, et le doux mur-

(1) Confessions de Rousseau, t. 3, p. 156.

mure de différents ruisseaux qui serpentent à travers des tapis de verdure.

On aperçoit un joli pavillon dans ce bocage consacré *au repos et aux Muses*; (*otio et Musis.*)

Assez près de là on remarque une grotte avec une fontaine où l'eau, quoique fraîche et limpide, est agitée à sa surface comme si elle était dans un état d'ébullition. Au fond de la grotte je lus ces vers :

« O limpide fontaine ! ô fontaine chérie !
« Puisse la sotte vanité
» Ne jamais approcher de ta rive fleurie !
» Que ton sentier ne soit point fréquenté
» Par aucun tourment de la vie,
» Tels que l'ambition, l'envie,
» L'avarice et la fausseté.
» Un bocage si frais, un séjour si tranquille,
» Aux tendres sentiments doit seul servir d'asile ;
» Ces rameaux amoureux, entrelacés exprès,
» Aux muses, aux amours, offrent leur voile épais;
» Et le cristal d'une onde pure
» A jamais ne doit réfléchir
» Que les grâces de la nature
» Et les images du plaisir. »

A quelque distance est une pyramide

consacrée à Virgile, avec cette inscription :

GENIO P. VIRGILII MARONIS,
LAPIS ISTE CUM LUCO
SACER ESTO (1).

Plus bas sont gravés les noms de Thompson, de Gessner, et de plusieurs autres poètes dans le genne bucolique.

Au bout de ce bocage on aperçoit une tour appelée du nom de la belle Gabrielle d'Estrée.

A la porte est suspendue l'armure de Dominique Devic, sergent de bataille de Henri IV, qui avait perdu une jambe à la bataille d'Ivry : on sait que passant deux jours après l'assassinat du roi dans la rue de la Feronnerie, il fut saisi d'une telle douleur qu'il tomba presque mort sur la place même, et expira le lendemain.

J'entrai dans le boudoir où tout rappèle Henri IV et Gabrielle : on y a gravé les

(1) Que ce monument et ce bocage soient consacrés au génie de Virgile.

premiers vers de cette romance qu'il composa lui-même.

« Charmante Gabrielle,
» Percé de mille dards, etc. »

En quittant cette tour consacrée à Gabrielle et à son illustre amant, je traçai dans l'intérieur les vers suivants :

Recevez mes adieux, ô retraite immortelle,
De l'amour asile chéri,
Heureux séjour qui nous rappelle
Et le fameux vainqueur d'Ivry
Et la charmante Gabrielle.

Ici se termine ma promenade dans ce parc célèbre, que l'art et la nature se sont plus à embellir, et qui rappèle tant d'affections et tant de souvenirs.

Malgré le charme de ce beau pays, je l'abandonne pour vous; je vais donc revenir à Paris. Adieu frais et riants bocages, adieu riante vallée de Montmorency, adieu heureux séjour illustré par Rousseau ; je vous quitte, mais je conserverai de vous le plus aimable souvenir.

ÉPILOGUE.

Adieu, belle vallée, où ma muse attendrie
Redisait dans ses chants
Et mon amour et le nom de Jennie.
Je vais quitter ces lieux charmants
Pour revoir la cité chérie
Des riches et des intrigants,
Et dont le bruit me fatigue et m'ennuie.
Paris me plaît par ses arts, ses talents;
Mais je suis las de ses plaisirs bruyants.
Que j'aimerais une tranquille vie,
Habitant quelquefois un champêtre séjour,
Et près de ma tant douce amie,
Au sein des arts et de l'amour!
Chéri de mes voisins dans mon riant asile,
Souvent aux malheureux je voudrais être utile.
Là je n'aurais que de simples désirs;
Fuyant l'éclat et ses trop vains plaisirs,
Je jouirais de ceux que donne la nature;
De mon jardin j'aimerais la culture,
Et par moments, sous un ombrage frais,
Pour ma compagne je ferais
Quelqu'aimable et tendre lecture;
Le modèle des soins de la maternité,
Chez moi poule couveuse aurait une famille,
Auprès d'elle joueraient et mon fils et ma fille;
Jennie, ah quels plaisirs, quelle félicité!

FIN.

TABLE

Des matières contenues dans ces Lettres.

De l'Imprimerie de C.-F. PATRIS, rue de la Colombe, quai de la Cité, n° 4.

www.ingramcontent.com/pod-product-compliance
Ingram Content Group UK Ltd.
Pitfield, Milton Keynes, MK11 3LW, UK
UKHW012034240726
13965UKWH00002B/778